宮古の自然と文化

天・地・人の調和　　第4集

宮古の自然と文化を考える会 編

序　文

宮古の自然と文化を考える会
会長　垣花　豊順

　『宮古の自然と文化』第4集を発刊することができて、会員と共に喜びに絶えない。
　第4集の副題は「天・地・人の調和」である。その意味は、天の法に従って、地の恵みを重んじ、人の働きで調和を図ると、宮古の8つの島々は永続して躍動的に発展するという意味である。
　夜空に輝く無数の星は天の法に従って規則正しく、運動している。そのことについて、旧約聖書詩編19章の1は「天は神の栄光を語り告げ、大空は御手のわざを告げ知らせる」と述べている。
　ドイツの天文学者ケプラー（1571〜1630）は神信者で、夜空の星が描く運行軌道を観察し、火星観測記録に基づいて、惑星の公転は3つの法則に従って運行していることを実証した。その第1の法則は「惑星（地球）は太陽を1焦点とする楕円軌道を描く」である（第2、第3の法則は省略）。
　この第1の法則に従って、1年の日数は365日、春、夏、秋、冬の四季節の始まりと終わりは変わることなく循環し、樹木は年輪を刻み、人は戸籍簿に生年月日を記録して毎年、年齢を増やしている。地球の公転と共に自転も実証され、その自転で昼と夜、一日の時間は24時間と定められ、労働法は人の働く時と休む時を地球の自転に合わせて定めている。
　地球は肉眼では見えないエネルギーで公転・自転して天に輝く太陽の熱・光を満遍なく受け、自然の循環の法に基づいてあらゆる植物、動物を育んでいる。天・地の定めた法の根本にあるのは、万物の循環、相互依存、調和であることを、天の摂理は人々に教えている。そのことについて、聖書は「川はみな海に流れ込むが、海は満ちることがない」と説いている（伝道の書1-7）。

海に流れた川の水は、太陽の熱・光のエネルギーで水蒸気として天に運ばれて雲になり、やがて雨、雪になって地上に戻り、土・石を柔らかにしている。柔らかになった土・石は草木を育て、草木は草食動物を育て、草食動物は肉食動物を育てている。

　草木は動物が呼吸する際に吐き出す炭素を、光合成作用によって炭水化物（芋・穀類）を造る際に、動物が生存するのに必要な酸素を放出している。このように見てくると、地球を構成する土・石の鉱物、その上に生える草木の植物、草木を食べる草食動物、草食動物を食べる肉食動物は、太陽の熱・光のエネルギーで生かされ、鉱物、植物、動物は相互に依存関係にあって、循環の法理によって永続していることが分かる。

　宮古の8つの島々を構成する土・石の役割は、自らは移動しないで草木を育てることである。自然災害から土・石を守り、草木を育てるために石垣を造り、肥料を施すためには人の働きが必要である。草木は土地に根を張り、成長することはできるが、自ら移動することは出来ない。草木を必要なところに移動させるには人の働きが必要である。毎年宮古島に飛来するサシバのような野生の動物は、生まれながらの生きる本能に従って、移動し、子孫を残す活動をしている。しかし、自らの過去をかえりみて、現在の問題点を注視し、天の法に従って鉱物、植物、動物の調和を図ることについて思考し、実行する能力は賦与されていない。

　天の法の根底にある天・地・人の調和に従って、あらゆる植物・動物を育てる宮古の島々の土地の恵みを重んじ、草木、動物が共生できるように自然環境を永続的に保全するためには人の働きが必要である。人々が豊かな生活を享受するために島々を開発する際は、自然の摂理に従い、人々の

心に永遠への希望を築き、眼前の便益に惑わされないで、島々の土地、海、草木、動物を大切にすることが宮古の島々を永続的に発展させる原動力である。

　第4集は宮古の8つの島々の土地、海、植物、動物、自然環境に関する6つの論文と島々に住む人々の歴史、生活、宗教、言語、戦争体験、先人の業績に関する6つの論文を収録している。第1集～第4集に収録された論文は、夫々独立した論文で相互に直接の関係はない。それらの論文は、宮古の島々の自然とそこに住む人々の文化に関する研究を通して、宮古の島々、延いては生命の星である地球の環境を守り、善にも悪にも無限に広がる人々の心に平和の砦を築くことに寄与するとの観点から収録された論文である。

　「宮古の自然と文化を考える会」は、今後も宮古の島々の自然環境・風土と人々が築いた文化について地道な調査・研究を継続し、永続的に発展するための活動を続けます。本書を手にされた貴方様が、本会の活動に賛同して下さり、会員と共にご協力下さることを心からお願い申しあげます。

2018年3月 吉日

目　次

城辺字下里添 上区の獅子舞

序　文　　　　　　　　　　　　垣花 豊順　　2

第1部　自　然

第1章　宮古島の地震活動と過去の巨大津波を探る･･･中村　　衛　　10

第2章　宮古農業の構造と課題･････････････････仲地 宗俊　　32

第3章　宮古の土壌、「島尻マージ」の生成環境････渡嘉敷義浩　52

第4章　サンゴ礁と共に生きる知恵
　　　　～素潜り漁師の民俗知識と漁撈活動～･･････高橋 そよ　　68

第5章　野鳥の営巣観察（多良間島）･････････････羽地 邦雄　102

第6章　宮古における環境調査････････････････古家 克彦　122

　　　　☆本会の創立20周年を祝う･･････････････久貝 勝盛　140

第Ⅱ部　文　化

第1章　宮古諸島における無土器期から
　　　　グスク時代への移行 ・・・・・・・・・・・・・　久貝　弥嗣　142

第2章　宮古三題 ・・・・・・・・・・・・・・・・・　仲程　昌徳　160

第3章　バッシライン（忘れられない）・・・・・・・・・　久貝　愛子　172

第4章　人類の始まりから伝わる「死の起源」神話
　　　　〜ネフスキーが語る「月と不死」のテーマとタイプ〜・・　宮川　耕次　178

第5章　言葉邂逅 ・・・・・・・・・・・・・・・・・　渡久山　章　202

第6章　人の出会いは天の力となる
　　　　〜宮古の5先人との出会い〜・・・・・・・・・・　垣花　豊順　216

　　　　あとがき　・・・・・・・・・・・・・・・・・　長堂　芳子　231

　　　　　　　　　　　　　　カバーイラスト・題　字：親泊　宗秀
　　　　　　　　　　　　　　扉イラスト：長堂　芳子

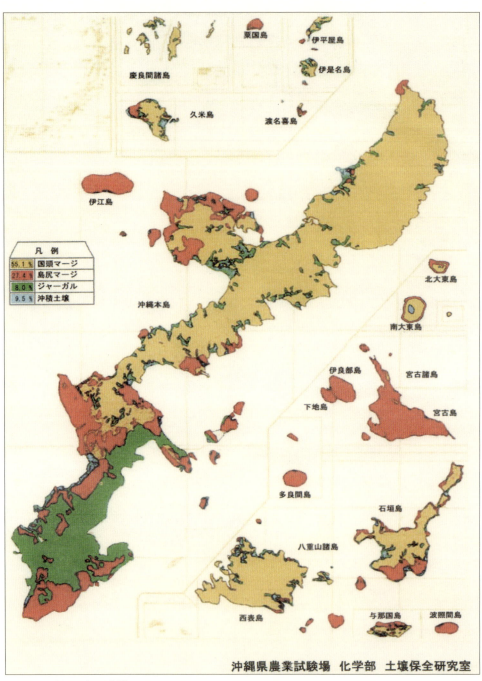

図1　沖縄の主要土壌

第Ⅰ部

自　然

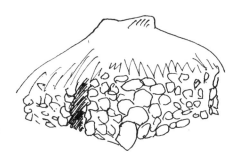

上比屋ムトゥの祭祀小屋

第1章　宮古島の地震活動と過去の巨大津波を探る

中村　衛（琉球大学理学部教授）

なかむら　まもる
中村　衛
1969. 11. 24　長崎県佐世保市生まれ。京都大学大学院理学研究科博士後期課程修了。博士（理学）。地震学。「やわらかい南の学と思想2」「琉球列島の自然講座」ほか。

§1．活発な宮古島の地震活動

　沖縄は大地震が少ない地域、と言われることがある。その一方で、沖縄に住んでいると、時々地震の揺れを感じることがある。では実際にはどのくらいの頻度で沖縄は地震の揺れに見舞われているのだろうか。そこで気象庁で観測された有感地震の回数を見てみよう。例えば、宮古島市（下里）で震度1以上の揺れが観測された回数は1995年から2015年9月までの約20年で229回である。一般に揺れのひん度は小さいものほど多く、大きいものは少ない特徴がある。この期間内に起こった最大の震度は4で、その震度4の揺れが2回観測されている（図1）。他の島でも同様で、同じ期間内で那覇市（樋川）では震度1以上の揺れが72回、最大震度は4（1回）である。石垣市（登野城）では震度1以上の揺れが166回、最大震度は4（1回）である。有感地震は毎年同じ回数起こっているわけではなく、年によりバラつきがある。しかし平均すると1年あたり約10回、琉球列島ではどこでも地震の揺れを感じていることになる。一方、南大東島ではほとんど有感地震がない。1995年以降、南大東村池之沢で観測された震度1以上の有感地震は6回だけである。
　では、なぜ沖縄県内でも南大東島では地震による揺れの回数が少なく、宮古島を含む琉球列島では多いのだろうか。それには琉球列島が乗っている岩盤の動き、すなわちプレートの運動が大きく関わっている。地球の表

第1章　宮古島の地震活動と過去の巨大津波を探る

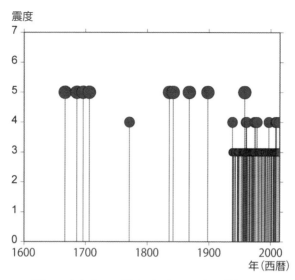

図1　宮古島での震度（震度3以上）の履歴

面は複数の固い岩盤（プレート）で覆われている。それらのプレートは互いに様々な方向に運動している。ある場所では2枚のプレートは互いに離れてゆき（これを発散境界という）、その間には新しい海底が生まれている。逆に2枚のプレートが互いに接近してゆくとき（これを収束境界という）には2通りのことが起こる。もし両方が大陸のプレートである場合には2枚のプレートが衝突して巨大山脈が生まれる。ヒマラヤ山脈はこのようにして生まれた。一方、海洋のプレートが接近する場合、海洋のプレートは相手側の下に沈み込む。このとき、その境界には長く深い溝状の海底地形、つまり海溝が生まれる。琉球列島はこのタイプにあたる。

琉球列島付近の場合、ユーラシアプレートとフィリピン海プレートという2枚のプレートが運動しており、琉球列島はユーラシアプレート側、南北大東島はフィリピン海プレート側にある（図2）。ユーラシアプレートは大陸のプレート、フィリピン海プレートは海洋のプレートである。フィリピン海プレートは北西方向に1年あたり7～10 cmの速度で移動し、南西

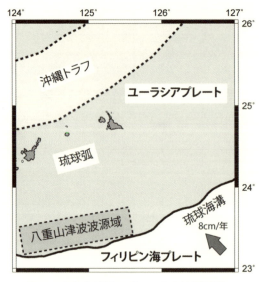

図2　宮古島付近のプレートと地震活動

諸島海溝（琉球海溝）のところでユーラシアプレートの下に沈み込んでいる。海溝付近では2つのプレートが押し合いをしているため岩盤に歪が溜まりやすく、それにより地震が多数起こる。琉球列島で地震が活発なのはこれが主な原因である。それに対して、南大東島や北大東島は条件が異なっている。琉球列島はユーラシアプレートの中にあり、直下には沈み込んだフィリピン海プレートがある。一方、南大東島や北大東島はフィリピン海プレートの中にある。さらに南大東島や北大東島は海溝から離れている。歪の溜まりやすい海溝や沈み込んだプレートから離れているため、南大東島では地震活動が低いのである。

§2．宮古島の過去の被害地震

　宮古島でも度々地震による被害を受けてきた。現在では、いつ、どこで、どのくらいの規模（マグニチュード）の地震が発生したのかは、気象庁などの地震計を使った地震観測によって調査されている。しかし、地震

第 1 章　宮古島の地震活動と過去の巨大津波を探る

計のない百数十年前以前に起こった地震の場合、どうやって調べればよいのだろうか。このような地震計のない時代に発生した地震を調べる際に役立つのが、一見自然科学の研究とは無縁であるように見える古記録である。古記録には時折、当時起こった地震に関する情報が書かれている。例えば地震の揺れの日時、揺れの大きさ、そして揺れによる被害である。そのような古記録に残された地震被害を集めて被害の程度を検討すると、各地の震度を推定できる。そのようにして得られた震度分布を用いて地震の発生場所やマグニチュードが推定されてきた。津波の場合でも古記録に津波の高さが書かれている場合にはその数字を使って、または津波被害に関する記録から、遡上高（津波が駆け上った高さ）が推定できる。例えばある地域で、津波による被害のあった御嶽となかった御嶽の記録が残っていると、それら御嶽の標高を用いて津波がどこまで駆け上ったかを推定することができる。それだけでなく、被害状況から推定した遡上高を古文書に書かれた遡上高の値と比較することで、古文書に書かれた値が信用できるかどうか検証することができる。昔は必ずしも精密な測量が行われた保証が無いため、検証を行う意味で異なる証拠から比較することが不可欠である。宮古島でも『球陽』のような古記録に地震の記録が残されている。しかし残念ながら多くの場合「宮古島で地震」という簡単な文言しか残されていないため、宮古島で明治時代以前に起こった地震の震度分布は全く分かっていない。宮古島周辺で起こった地震の中で震源の位置やマグニチュードが分かっているのは、気象庁による地震観測が始まってからのものばかりである。宮古島で記録として残されているもっとも古い地震は1667年の地震である。

　球陽および気象台による宮古島の被害地震記録は以下のとおりである（図 1 ）。

　1667年、宮古島で大地震。干田1210坪が約 3 尺沈下して水田となる。
　1686年 5 月、地震で石垣が崩れる。
　1696年 6 月 1 日、大地震。
　1706年、宮古島で大地震。死者あり。

1771年4月24日、大津波（八重山大津波、明和大津波）

1836年4月22日、数十回の地震、7日の地震で宮古島の石垣が崩れる。

1842年4月16日、宮古島で数十回の地震・石塀崩れる。

1868年、宮古島、石垣が崩れる。

1898年9月1日（多良間島沖、M7.0）宮古・石垣島で家屋半壊2棟、山崩れ、石垣の倒壊。

1938年6月10日（宮古島北北西沖、M7.2）平良港へ1.5 mの津波。地震の揺れによる死者2名。

1958年3月11日（石垣島北東沖、M7.2）伊良部島で落石による死者1。

§3．宮古島付近ではどこで地震が起こるのか？

　これまで話したように、宮古島はプレートの沈み込みの影響で地震活動が高い。宮古島付近での地震活動は、その発生場所から5つに分類できる（図3）。①フィリピン海プレート内で発生する浅い地震、②フィリピン海プレートとユーラシアプレートの境界で発生する地震、③沈み込んだフィリピン海プレート内部で発生する地震、④琉球弧で起こる浅い地震、そして⑤沖縄トラフで起こる浅い地震、である。これから、それぞれどのような地震が起こっているのか見ていこう。

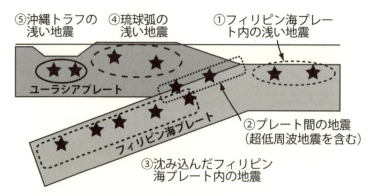

図3　宮古島付近で起こる地震の種類

① フィリピン海プレート内で起こる浅い地震

琉球海溝で沈み込む前のプレートにも沈み込みによる力が働いており、それにより地震が発生する。プレート境界から離れているために地震の発生頻度は低いが、過去にはM7クラスの地震が発生している。1998年5月4日の地震（マグニチュード7.7）はこのタイプである。

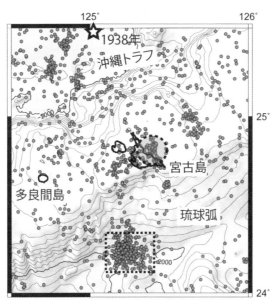

図4　宮古島付近での地震分布

② フィリピン海プレートとユーラシアプレートの境界で発生する地震（プレート間地震）

プレートが沈み込むとき、沈み込むプレートと沈みこまれるプレートとの間に歪が蓄積する。歪は一定量蓄積すると、プレートが互いに反発して歪が解放される。このときに発生する地震がプレート間地震である。四国や紀伊半島沖で100〜200年に一度発生している南海地震・東南海地震、さらに2011年東北地方太平洋沖地震はプレート間地震の例である。

プレート間地震は宮古島の南方沖で時々発生している。ただし規模はあまり大きくない。1990年以降、宮古島南方沖で発生したプレート間地震の最大マグニチュードは 6.5（2009年8月5日）である（図4の長方形枠）。宮古島の沖でも日本の他の地域のようにマグニチュード8以上のプレート間地震が繰り返し起こってきたのかどうか気になるところであるが、残念ながら宮古島周辺で巨大プレート間地震が起こってきたかどうかについてはまだわからないことが多く、研究中である。ただし、後で述べる1771年八重山地震津波や歴史的に何度も宮古・八重山諸島を襲ってきた巨大津波は、プレート間地震による可能性がある。

　一方、宮古島では他では見られない変わったプレート間地震が起こっている。それは、宮古島の直下では同じ場所・同じ規模の地震が同じ時間間隔で発生しているのである。宮古島の直下には、深さ約40～50 kmのところに沈み込んだフィリピン海プレートがある。沈み込んだフィリピン海プレートとその上側にあるユーラシアプレートとの境界では頻繁にマグニチュード5クラスのプレート間地震が発生している（図4の丸い枠の中）。例えば2014年9月18日に宮古島の北東約15 kmの深さ約50 kmでM5.2の地震が発生して、宮古島で最大震度4を観測している。しかし、その前にも同じ場所で同じ規模の地震が2002年6月5日と2007年9月22日に発生している（地震火山研究部、2014）。マグニチュード5クラスの地震が5から7年の間隔で繰り返し発生している。それ以前にもこのタイプの地震は発生しており、1960年以降マグニチュード5.0以上の地震が9回観測されている。このような地震を『繰り返し地震』といい、プレート境界面の一部で歪が一定の速度で溜まってゆき、それが一定の量に達すると滑って地震を起こすために、このようなことが起こるのである。普通、地震を起こす歪の溜まり方は周辺から邪魔が入ることが多いので一定にはならない。そのため地震の発生間隔はばらつく。また破壊の仕方も毎回異なる場合が多いため、マグニチュードも異なる。だから大地震の発生場所や大きさを予測するのは難しいのだが、宮古島の直下では例外的に、マグニチュード5クラスの地震が規則的にわかりやすい形で起こっているのである。

第 1 章　宮古島の地震活動と過去の巨大津波を探る

③ 沈み込んだフィリピン海プレート内部で発生する地震

　海溝で沈み込んだプレートは、そこより浅いところのプレートの重さで押されたり、または自分よりさらに沈み込んだところのプレートから引っ張られている。するとプレートの中に歪が溜まり、地震が発生する。このようなタイプの地震をスラブ内地震という。2001年に瀬戸内海で発生した芸予地震（M6.7）がこのタイプである。

　宮古島付近で発生したスラブ内地震の例としては1958年（昭和33年）に発生した石垣島北東部の深さ57 kmを震源とするマグニチュード7.2の地震がある。宮古島から離れたところで発生しているが、この地震によって宮古島でも震度5が観測され、落石により伊良部島で死者が1名、宮古・八重山諸島全体で合計3名の死者が出ている。

④ 琉球弧で起こる浅い地震

　フィリピン海プレートの沈み込みによって沈み込まれる側のユーラシアプレート内にも歪が生じ、それが開放されるときに地震が起こる。琉球弧ではこのタイプの地震が起こる。一般にこのタイプの地震は内陸地震と呼ばれる。1995年兵庫県南部地震はこのタイプの地震である。

　宮古島付近ではマグニチュード4以下の規模の小さな内陸地震が深さ約20 kmより浅いところで発生している。しかし規模の大きな内陸地震による被害は宮古島ではよく分かっていない。しかし、もしかしたら宮古島でも規模の大きな内陸地震が過去発生した可能性がある。1667年の地震では洲鎌村で「干田1210坪が約3尺沈下して水田となる」とあり、地震によって洲鎌村で約1 mの水田の沈下が発生している。この地震がどのようなタイプであったのかはわかっていないが、もしかしたら宮古島島内の活断層が活動したものかもしれない。そもそも宮古島には多数の活断層が発達していることが知られている。断層は島を縦断するように北北西―南南東方向に延びている（宮古島断層帯）。宮古島断層帯は宮古島を通る断層系（長沼断層系、与那原断層系、野原断層系、腰原断層系、嘉手断層系）、宮古島から伊良部島を通る断層系（牧山断層系）、および来間島を通る断層系

(来間断層)によって構成される(地域地盤環境研究所・産業技術総合研究所、2014)。これらの断層は琉球石灰岩の段丘を切っていることから、約40〜90万年以内に複数回活動していることが分かる。しかし最近の活動の痕跡が見られないため、最近の活動時期、および過去どのような間隔で活動したかについては不明である。宮古島断層帯の中で西部に分布する断層系(腰原断層系、嘉手断層系、牧山断層系、来間断層)は段丘の年代から推定して約12万年前以降に活動した可能性があるが、こちらもいつ活動したかは分かっていない。地震調査研究推進本部の推定では宮古島中部の断層系(長沼断層系、与那原断層系、野原断層系、腰原断層系)が一度に活動した場合、マグニチュード7.2以上の地震が発生する可能性がある。また宮古島西部の断層系が活動した場合、マグニチュード6.9以上の地震が起こると推定している。しかし断層の活動度が分かっていないため、これらの地震の発生確率は推定できない。沖縄県の地震被害想定でも宮古島中部の断層系が活動した場合の地震被害想定を行っている。マグニチュード7.3の地震が起こった場合、宮古島全域で震度6弱〜6強、建物の全壊2627棟・半壊4057棟、死者26名、負傷者1185名とされている。

⑤ 沖縄トラフで起こる浅い地震

琉球列島の北西側には凹んだ海底が九州西方沖から台湾北東部まで連なっている。この海底地形を沖縄トラフという。海底地形が凹んでいるのは、そこに引っ張りの力が働いて地表をずり下げるタイプの断層(正断層)が数多く分布しているためで、その断層が活動することで沖縄トラフの陥没地形が生み出されると同時に地震が発生している。沖縄トラフ内で発生した地震の例として、宮古島の北方沖で1938年(昭和13年)6月10日にマグニチュード7.7(気象庁によるマグニチュードは7.2)の地震が発生している(図4)。この地震では揺れによる死者が2名出ている。また地震の後津波が宮古島に襲来し、地震の後約10分後に平良港で高さ1.5メートルの津波が押し寄せて、桟橋の流失などの被害を生じた。

第1章　宮古島の地震活動と過去の巨大津波を探る

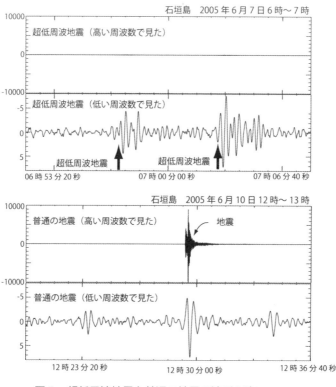

図5　超低周波地震と普通の地震の波形の違い

§4．超低周波地震と巨大地震

　最近の地震研究からは、宮古島を含む琉球列島で奇妙な地震が頻繁に発生していることが分かってきた。どこが奇妙かというと、通常の地震と比べて断層が非常に「ゆっくり」と滑っているのである。地震とは地球内部で断層が滑って起こる現象のことである。普通、私たちが「地震だ」と感じる普通の地震の場合、例えばマグニチュード4の地震だと1秒以内で断層での滑りが終わる。しかし特殊な地震の場合、滑る時間が非常に長い。マグニチュード4の場合でも約20～50秒かかっている。非常にゆっくりとした滑りなので、とてもゆっくりとした振動しか出さず、ガタガタッと

19

いった人間の体で感じる周波数帯の振動は出てこない。しかしゆっくりした揺れを捉える事が出来る特殊な地震計で観測すると、南西諸島ではこのようなゆっくりとした揺れが頻繁に発生していることが分かってきた (Nakamura and Sunagawa, 2015)。この揺れの正体が「超低周波地震」である。普通の地震だと、高い周波数 (1 Hz以上) でも低い周波数 (0.02〜0.05Hz) でも地震の波が見られるが、超低周波地震の場合、低い周波数では波の到来が確認できるが高い周波数では波の到来が分からない (図5)。超低周波地震は、前に述べた南西諸島で起こる地震活動の中で①のプレート間地震と同じくユーラシアプレートと沈み込んだフィリピン海プレートの間で発生している (図6)。超低周波地震の大きさはマグニチュード3.5から4.5である。超低周波地震は本州の紀伊半島から四国沖でも観測されている。この地域では、超低周波地震は巨大地震である南海地震の断層のところで少なく、それより海溝側、または陸側である四国・紀伊半島の陸の真下で発生している。超低周波地震が多いということは、その場所

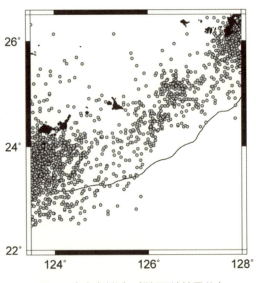

図6　宮古島付近の超低周波地震分布

が少しだけゆっくり滑っていることを示している。そうすると、これまで私たちはプレートとプレートの間はずっと接着していて（これを固着という）、100年に一度接着が剥がれて巨大地震が起こるか、または逆にプレートとプレートの間は接着しておらず、歪は溜まらないため巨大地震は起こらないか、のどちらかであると考えてきた。しかし実際には接着した部分がゆっくりと剥がれて超低周波地震として歪が解消されていることがわかってきた。このような過程を経ると、超低周波地震の発生している部分は歪があまり蓄積しない一方、その近傍では超低周波地震の活動により歪が蓄積する。また接着した領域の近くで発生する超低周波地震の活動は、接着した領域の歪の蓄積し具合で活動が活発化したり低下したりと、周辺の歪変化の影響を受けやすい。超低周波地震の活動は、プレートとプレートの間にどこに歪が蓄積しているか、またどのくらい蓄積しているかを探るカギになるだろう。

§5. 1771年八重山地震津波

　宮古島に限らず、沖縄では地震・津波の被害記録が少ない。その中で1771年に起こった八重山津波は先島諸島での被害が克明に記録されている津波である（石垣市総務部市史編集室、1998；島尻、1988）。どのような津波であったか見てみよう。

　八重山地震津波（明和の大津波）は1771年3月10日（乾隆36年4月24日）の午前8時ごろ（五ッ頭）発生し、宮古・八重山諸島に多大な被害をもたらした津波である。

　① 各地の震度
　八重山地震による各地の震度は石垣島では「三月十日辛亥五ッ時分大地震有」（大波之時各村之成行書）とあり、大きな揺れであった。宮古島でも「三月十日五ッ頭時分地震」、沖縄島周辺でも「国中より久米及び慶良間島に至るまで、地大いに震ふ」（球陽）とあり、広範囲で揺れが感じられた地震であった。ただ、揺れの後各地に襲来した津波による被害が非常に大

きすぎたためか、地震の揺れによる被害は記録されていない。気象庁の記録がない時代の地震の震度は地震の揺れによる被害をもとに推定されるため、被害記録が残されなかった場合、地震の震度は不明となっている。一方、考古学の発掘現場では、石垣島東海岸で津波襲来の前に地割れが生じた可能性が指摘されている。これが明和津波であるならば揺れの大きさは震度5から6となる。

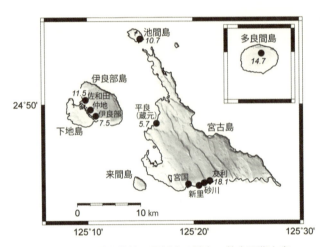

図7　八重山津波に関係する地名。数字は遡上高
（単位はメートル、データは後藤・他、2012）

② 各地の遡上高

古記録や伝承を基に推定された各地の津波遡上高については後藤・他（2012）に詳しくまとめられている（図7）。各地の津波遡上高（波高）は石垣島南東部で約30メートル、石垣島南部で5～25メートル、多良間島でも15メートルであった。

宮古島では、御問合書（島尻、1988）によると、地震の後1刻に大波が3度上がったと書かれている。

宮古島の平良では「蔵元庭迄潮打揚張水泊前之御嶽囲石船具格護屋石壁

共打崩」とある。蔵元の庭まで津波が遡上したことから、蔵元の地点の標高をもとに遡上高は5メートルと推定されている。

　宮国・新里・砂川・友利では津波遡上高は3丈5尺程（約10.5 m）と書かれている。しかし当時の集落遺跡を調査した結果、それより高い遡上高であった可能性が生じている。宮古島市友利の友利元島遺跡では、標高9〜10 mにある17世紀の住居遺構を覆うように厚さ20 cmの白砂が堆積しているのが確認された。その白砂層にはイボタマキビなど食用として通常利用されない貝が摩耗の少ない状態で含まれていたことから、この貝は食用として人間の手で採取・運搬されたものではなく、白砂と共に津波によって沖合から運ばれてきたと考えられている。津波の襲来時期は17世紀以降、つまり1771年八重山津波であると推定されている（沖縄県城辺町教育委員会、2004）。標高10 mで津波によって運ばれた砂が見られたということは、津波はさらに高いところまで到達した可能性が高い。また地元に残る津波伝承では、津波は当時の集落まで到達し、その到達地点には現在祠が建てられている。その高さは約18 mであることから、宮古島南部の津波遡上高は古文書に記録された高さ10.5 mより高く、約18メートルくらいであったと考えられる（後藤・他、2012）。

　宮古島南部の津波被害について、御問合書には「人家共波ニ致引流」「人家并屋敷囲之石垣樹木土地迄も悉引流屋敷形も無之瀬原ニ相成尤右村之後表檀上リ有之候人家少々相残」とあり、流された家屋591棟、津波による犠牲者は2042人であった。屋敷の跡も無くなりことごとく津波で引き流されてしまったが、集落の後方の少し高いところでは人家が少し残っていた、という惨状であった。「人馬牛羊豚庭鳥等至溺死家財塵芥混雑ニ而沖江相流候」とあるように、家畜もろとも溺死し瓦礫が沖合に流された。当時の集落は標高5〜20 mの海岸沿いに分布していたが、津波により大方が流失したために高台に集落が移転された。加藤（1988）では、この標高の大部分集落が津波により被害を受けていることから、津波遡上高を約20 mと推定している。

　池間島では津波遡上高2.5丈（7.5 m）、流された家屋119棟、津波による

犠牲者22人であった。伊良部島では津波高さ3丈5尺（10.5 m）、伊良部、仲地、佐和田の3村でひき流された家屋75、津波による犠牲者は23人であった。下地島では津波高さ12～13丈（36～39 m）と書かれている。しかしこの高さは島の最高地点の標高（島の南西側で約20m）よりも高いことから信憑性が問われている。ただ一方で、下地島では「平旦之所ニ而波打越作物惣様相損海垣迄被引取其上土も大半引流置候馬之内五拾五疋又ハ百姓所持之牛羊等致溺死候」（平坦な所に波が来て、作物は全て損じ、海垣まで引き取られ、そのうえ土も大半流された。牧場の牛馬羊も溺死したものが多かったと書かれている）（島尻、1988；加藤、1989）ことから、かなり大規模な津波が押し寄せた可能性は高い。

③ 津波による八重山の人口変化

　津波は現地の人口動態にも大きな影響を与えている。宮古島については人口動態が不明であるが、八重山諸島では津波前後の人口動態が克明に記録されている。それによると、八重山諸島は1640年代は人口が約6千人であった。1690年代から人口が急増し、津波直前の1750年ごろには人口が2万7千人に達した。津波により人口が約9千人減少し、1万8千人になった。しかし一旦減少した人口はなかなか回復しなかった。疫病、作物の不作等により人口は次第に減少し、人口が再び増加し始めたのは津波から約百年経過した1870年代に入ってからである。

　津波前、竹富島や黒島、波照間島といった小島では人口が増加しており、その後石垣島や西表島へと移住が行われていた。さらに石垣島島内での移住が進んでいた。このような八重山諸島全域で人口が大きく増加していた時期に大津波が襲っている。

　津波の被害は津波遡上高の高かった石垣島東から南東海岸で非常に大きかった。白保では1574人中生存者は28人と被害が非常に大きく、他の東海岸の集落でも死亡率が90％近い地域が多数見られた。津波遡上高がそれほど大きくなかった石垣島北海岸や西表島のような周辺の島々では死者数はそれほど多くはなかった。これらの地域では、当時石垣島へ出かけて

いてそこで津波に遭遇した被害者が多い。

　津波後の人口変化は、津波被害の大きかった地域を含め、八重山諸島全域に広がっている。津波の被害は時間と共に周辺域へと拡大していたことが見て取れる。

④ 世界の津波災害の中で見た八重山津波の被害の大きさ

　八重山津波による死者数約1万2千人は、世界全体で見た津波による死者数の中で9番目に多い。最も被害の大きい津波災害は2004年スマトラ津波である。死者数は約23万人である。2011年東北地方太平洋沖地震による死者数は1万9千人であり、7番目である。もちろん津波の被害者と地震の揺れによる被害者を区別することは難しい場合があるため、数字には若干のずれがあると予想される。それでも宮古・八重山諸島の当時の人口を考えると、この1771年八重山津波は地域的に見ても多大な被害をもたらした津波災害であるばかりでなく、地球規模で見ても規模の大きい津波災害であったといえる。

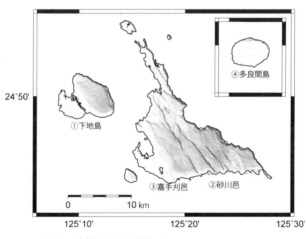

図8　大波伝承の位置

§6. 宮古島周辺の津波伝承

　過去の津波を知る手段として古記録がある。しかし古記録に津波がきちんと記載されているとは限らず、伝承として残されている場合もある。宮古島周辺では津波に関する伝承が1748年にまとめられた宮古島旧記に残されている（稲村、1962）（図8）。主なものは、①下地島（下地島の海嘯とヨナタマ魚）、②砂川邑の伝承（佐阿根大氏と竜宮の姫）、③嘉手刈邑の大波伝承（久場嘉按司の女子普門好善とツナミ）、④多良間島（多良間島伊地按司兄妹）の津波伝承、である。

§7. 過去の津波を調べる……津波堆積物調査

　津波堆積物とは、津波によって運ばれ堆積した堆積物である。通常はほとんど流れのない静穏な湿地帯が海岸の近くにあるとしよう。このような場所には泥が通常堆積する。ここに津波が押し寄せると、津波の波が海の

図9　伊良部のトレンチ断面図

第1層　表層

第2層　中粒砂質シルト

第3層　中粒砂質シルト

第4層　砂混じりシルト

第1章　宮古島の地震活動と過去の巨大津波を探る

ほうから海岸の砂や沖合の砂を運んで湿地帯に堆積させる。このような砂層を検出することで、ある時期に湿地帯のような環境であった場所に海から何らかの大波が押し寄せたことが分かる。もちろんこれが津波であるとは断定できない。他の可能性として高潮の可能性もある。しかし、地層中に強い流れの痕跡が見られる場合には津波である可能性が高い。過去に宮古島を襲った津波の様子を明らかにするために、宮古・伊良部島で津波堆積物を調査した。ここでは伊良部島での結果を述べる。

　伊良部島では佐和田と伊良部で調査を行った。当時台湾中央研究院地球科学研究所に所属していた安藤雅孝教授、同研究所の涂陽子、産業技術

図10　佐和田のトレンチ断面図

総合研究所地質調査総合センターの宍倉正展研究チーム長、琉球大学理学部の中村衛、大学院生の新城安尚と調査を実施した。重機で深さ2〜3mの穴を掘り地層の観察を行った。また有孔虫の分析は琉球大学理学部の藤田和彦教授と大学院生であった志賀翔太が行っている。

　伊良部では全体が4層からなり、第1層（深さ0〜80 cm）が表層、第2層（深さ80〜120 cm）と第3層（深さ120〜160 cm）が中粒砂を含むシルト層、第

4層（深さ160～200 cm）はシルト質層であった（図9）。この中で第2層と第3層には中粒砂が含まれており、さらに第3層の下部から検出された有孔虫はサンゴ礁の砂に生息する［内田・他（2007）、柴・他（2012）］種であった。このことから砂はサンゴ礁から運ばれたと考えられる。伊良部の調査地点はサンゴ礁まで細い水路で繋がっているだけであり、通常の波浪は調査地点まで到達しにくい。よって、調査地点で検出されるサンゴ礁の砂は津波または高潮によって調査地点まで運搬されたと考えた。

　また、佐和田では地層は3層からなり、第1層（深さ0～170 cm）が表層、第2層（深さ170～290 cm）が粗粒～細粒砂、第3層（深さ290～300 cm）はシルト質であった（図10）。ここで第2層の下部には級化構造がみられた。級化構造というのは粗い砂粒が下方に、細かい砂粒が上方に堆積している構造である。この構造は、例えば洪水のような状況のとき、土砂が水と一緒にグチャグチャの状態で流れてきて、その場所でゆっくりと砂粒が沈殿したときに見られる構造である。大きい砂粒ほど先に沈殿することから、このような構造が生まれる。級化構造は津波堆積物として一般的に見られる特徴であることから、この層が津波・高潮による堆積物である可能性を示している。また第2層下部から検出された有孔虫はリーフまたはラグーンの砂に生息する種であった。佐和田地域はリーフが約3 kmと大きく発達しており、波浪によってリーフの砂は調査地点まで到達することは考えにくいことから、砂は津波・高潮によって運搬され、海岸付近の砂と混合して堆積したと推定した。

§8. 八重山地震津波の原因

　この津波の原因であるが、琉球海溝で発生したマグニチュード8クラスの海溝型巨大地震であった可能性が高い（Nakamura, 2009）。海底地滑りに関係する可能性もあるが、この規模の津波は繰り返し発生している可能性が高いことから、主として断層運動によると考えている。その証拠が津波石と津波堆積物の調査からわかってきている。津波でサンゴ礁を構成する岩塊が移動したものを津波石という。河名・中田（1994）は、岩塊を構

成するサンゴの最も外側から採取した試料および新鮮なサンゴ片の炭素14年代測定の結果をもとに、津波が約200年前、約500〜650年前、約1000〜1200年前、約1950〜2100年前、約2300〜2500年前、約3750年前、および約4350〜4450年前に襲来した可能性を指摘した。Araoka・他（2013）では、津波襲来直前まで成長していたハマサンゴの化石から得られた炭素14年代値を用いて，大津波が1771年、1625年、1460〜1470年頃、1200年頃、紀元前500〜100年頃に先島諸島に襲来した可能性を指摘した。さらに石垣島東海岸の伊原間で行われた津波堆積物調査から、八重山津波と同規模の津波が200年前、800年前、1400年前、そして2000年前に襲来していることが明らかになっている（安藤・生田、2015）。巨大津波が約600年間隔で繰り返して発生していることは大地震であったことを示しており、海底地滑りが繰り返し毎回同規模で同じ間隔で発生するとは考えにくい。

　さらに2011年東北地方太平洋沖地震で明らかになったことは、プレート間地震の際に、海溝付近が通常（数メートル）以上に大きく50〜100mも滑ることが起こりうるということである。これまでの考え方では、海溝付近ではプレート間は固着しておらず、少しプレートが沈み込んだところで固着が起こると考えられてきた。よって巨大地震の主たる部分はプレートが沈み込んだ深い部分であり、海溝付近はお付き合い程度に滑っていると考えられてきた。しかし東北地方太平洋沖地震では、お付き合い程度の動きしかしない、と考えてきた海溝付近が一番大きく滑った。1771年八重山津波も海溝付近が大きく滑った可能性が高い（Nakamura, 2009）ことから考えても、琉球海溝でも時と場合によっては海溝付近が極端に動くのかもしれない。

　琉球海溝で超低周波地震の活動が非常に高いことから見ると、琉球海溝では沈み込んだプレートのあちらこちらが常にゆっくり滑って歪が解消されている。一方、数百年に一度巨大津波が発生していることは、琉球海溝では沈み込んだプレートのどこかに何らかの原因で歪が蓄積し、それが数百年に一度解消していることを意味する。相反する現象が琉球海溝で起こっていることが次第に分かってきた。しかしこれらは決して矛盾ではな

く、琉球海溝でなぜ巨大津波が度々発生しているのかを解く手がかりなのだろう。

§9. 八重山津波についてのまとめ

　宮古島は近年大地震・大津波による被害がないが、歴史的には巨大津波の被害を度々被ってきた地域である。特に1771年に発生した八重山津波による被害は甚大で、宮古諸島でも2099人が津波で命を落としている。さらにこの津波被害を受けて宮古島南部海岸では集落が甚大な被害を受け、海岸沿いにあった集落が高台に移転を余儀なくされるなど、地域に津波の爪痕が刻まれている。しかし最近では再び海岸沿いで開発が進行しており、過去の津波に関する危機感が失われてきつつあるように思える。

　このような津波は決して240年前のものが唯一であったわけではなく、それに匹敵する津波が数百年の間隔で頻繁に宮古・八重山諸島を繰り返し襲ってきたことが津波石や津波堆積物の調査から分かってきている。宮古島に残る伝承にも1771年の津波のひとつ前の大津波と思われる現象が残されている。さらに地震の調査からは、プレートとプレートの間に歪が溜まりにくく巨大地震が起こりにくいと思われている琉球海溝で、なぜ数百年に一度巨大津波を起こす巨大地震が発生するのか、その相反する2つを繋ぐものとして琉球海溝で非常に頻繁に発生する超低周波地震が注目されつつある。

　一回前の大津波からは既に240年経過し、次の津波の発生時期に徐々に近づいてきている。また宮古島の中に様々な活断層が通っていることから分かるように、宮古島はそもそもフィリピン海プレートとユーラシアプレートのそれぞれで発生する地震を頻繁に受けてきたことは間違いなく、今後も様々なタイプの地震に見舞われるだろう。しかしこれらは宮古島という大地が出来上がるために欠かせない現象であり、人間である我々がそれを止めることはできない。であるならば、我々はそのような環境で生きてゆく知恵、つまり地震や津波の被害を如何に減らすか、対策をきちんと立てておくことが必須であろう。

参考文献

Araoka, D., Y. Yokoyama, A. Suzuki, K. Goto, K. Miyagi, K. Miyazawa, H. Matsuzaki, and H. Kawahata, 2013, Tsunami recurrence revealed by Porites coral boulders in the southern Ryukyu Islands, Japan. Geology, 41, doi:10.1130/G34415.1.

後藤和久・宮澤啓太郎・安谷屋昭・垣花昇一・久貝弥嗣・島袋綾野・島袋永夫・正木譲・松島昭司・宮城邦昌, 2012, 再考・1771年明和津波の遡上高II ―先島諸島全域―, 津波工学研究報告, 29, 129−146.

稲村賢敷, 1962,「宮古島旧記並史歌集解」, 琉球文教図書.

石垣市総務部市史編集室、石垣市史叢書12（大波之時各村之形 行書・大波寄揚候次第)、pp. 120、石垣市役所、1998.

地震火山研究部、地震火山部、気象大学校、札幌管区気象台、仙台管区気象台、大阪管区気象台、福岡管区気象台、沖縄気象台、日本各地域の繰り返し相似地震発生状況に関する研究、気象庁技術報告、第72号、1−153、2014.

加藤祐三, 1988, 沖縄県宮古群島における八重山地震津波（1771）の挙動−新発見史料「思明氏家譜」付属文書「御問合書」による検討, 歴史地震, 4, 47−56.

河名俊男・中田高, 1994, サンゴ質津波堆積物の年代からみた琉球列島南部周辺海域における後期完新世の津波発生時期. 地学雑誌, 103, 352−376.

気象庁ホームページ・震度データベース
http://www.data.jma.go.jp/svd/eqdb/data/shindo/

球陽研究会（編）, 1974,「球陽読み下し編」、角川書店

Nakamura, M., Fault model of the 1771 Yaeyama earthquake along the Ryukyu Trench estimated from the devastating tsunami, Geophysical Research Letters, 36, 10.1029/2009GL039730, 2009.

Nakamura, M. and N. Sunagawa, Activation of very low frequency earthquakes by slow slip events in the Ryukyu Trench, Geophysical Research Letters,:DOI: 10.1002/2014GL062929, 2015.

沖縄県城辺町教育委員会, 2004, 友利元島遺跡―発掘調査報告書―, 城辺町教育委員会.

島尻克美、宮古島の大津波に関する一史料、沖縄県教育委員会文化課紀要、第5号、1−10、1988.

地域地盤環境研究所・産業技術総合研究所、宮古島断層帯の活動性および活動履歴調査、「活断層の追加・補完調査」成果報告書 No. H20−1、2009.

第2章 宮古農業の構造と課題

仲 地 宗 俊（琉球大学名誉教授）

仲地 宗俊
なかち そうしゅん

1946. 7. 10. 沖縄県久米島町生まれ。九州大学大学院博士課程単位取得退学。博士（農学）。農業経済学。「戦前期沖縄農業における土地利用形態の地域性」（『農耕の技術と文化』21）ほか。

1．はじめに

　近年の経済状況の急速な変化のなかで、少子化や人口の都市部への集中が進み、存続の危機に直面している自治体が多くあることが指摘されている[1]。沖縄では県全体の人口は当面増加の傾向にあるが、離島や農村では人口の減少が続いており[2]、地域社会の維持が困難な状況に直面している地域もある。こうしたなかで地域社会を支えていくうえで農業生産の安定化が課題になっている。

　宮古では、1975年（昭和50）から1980年（昭和55）にかけて人口が増加した時期もあるが、1985年（昭和60）以降はゆるやかに減少が続いている。特に宮古島以外の離島部ではこの間、人口が39.1％も減少しており宮古のなかでも地域差が大きい[3]。

　宮古においても農家戸数と農業就業人口は減少しているが、地域社会の維持と産業における農業の役割は大きい。2010年（平成22）の宮古の総世帯数（一般世帯）における農家の割合は21.7％、人口のなかでの農家世帯員（販売農家）の割合は21.5％を占め、全産業就業者における農業就業者の割合では21.1％を占めている[4]。地域のかなりの人々が農業との関わりをもっている。

　宮古の農業を沖縄農業全体のなかでみると、2010年で沖縄県の耕地面積の29.8％[5]、農業就業者数については20.2％[6]（『2010年世界農林業センサ

ス』による販売農家の農業就業人口では28.0％）を占めており、沖縄県の農業のなかでも大きなウェイトを占めている。

　本稿では、地域維持の観点から、宮古における農業産出額の変化、農業産出額のほぼ半分を占めるさとうきびと近年後退しつつある野菜、及び農業をめぐる新しい動きとして農業6次産業化についてその課題を整理したい。

2．宮古農業の担い手と生産の基盤
(1) 農家と農業就業人口

　「平成22年国勢調査」[7]における宮古の総世帯数（一般世帯）2万1,642戸に対して、『2010年世界農林業センサス』（以下、『2010年農業センサス』とする。）による総農家戸数は4,694戸（農家率21.7％）である。沖縄が日本に復帰した直後1975年（昭和50）には、総世帯数1万4,108戸、農家数7,139戸、農家率50.6％であったから[8]、この間、農家数は34.2％減少し、農家率も大きく低下した。しかし、2010年における沖縄県全体の農家率4.2％[9]に比べると、宮古の農家率はかなり高いと言える。

　『2010年農業センサス』によって、農家の構成をより具体的にみると、総農家数4,694戸のうち、販売農家は4,419戸（94.1％）、自給的農家は275戸（5.9％）である。宮古では、沖縄県全体に比較して販売農家の割合が大きく自給的農家の割合は小さい。

　農家を農業経営体としてとらえると、その数は4,505経営体で、うち法人化しているのが57経営体ある。農業経営体の経営耕地面積規模別の構成は、0.5ha未満層6.5％、0.5〜1ha層20.0％、1〜2ha層36.8％、2〜3ha層19.0％、3〜5ha層12.7％、5〜10ha層4.6％、10ha以上層0.4％となっている。沖縄県全体に比べると、1ha未満層の割合が比較的小さく1〜2ha層から3〜5ha層の割合が大きい構成になっている。1農家当たりの耕地面積は、1975年の151aから2010年には179aへとやや増加している[10]。

　担い手の具体的な存在である農業就業人口については、『2010年農業センサス』によると6,312人（販売農家）で、年齢層別には65歳以上の年齢層が63.2％を占めている。『1975年農業センサス』では1万2,167人

(総農家)、65歳以上の年齢層は19.5％であったから、この間、農業就業人口がほぼ半分に減少しただけでなく高齢化が大きく進んでいる。『2010年農業センサス』における沖縄県全体の農業就業人口に占める65歳以上の割合54.6％と比べると、宮古は沖縄県のなかでも農業就業人口の高齢化が進んでいる地域と言える。

(2) 農業の生産基盤

　農業生産の基盤である耕地の面積は、2013年（平成25）で１万1,800 haで、日本復帰後耕地面積が最も大きかった時期（1996年〜2001年）の１万2,200 haからやや減少している。しかし、沖縄県全体では復帰後の最大時（1991年、92年）に対して2013年には17.6％減少していることに比べると、宮古では農業の基盤が維持されていると言ってよい[11]。地目別には市町村単位の数値は関連する統計書に2006年（平成18）までしか掲載されていないことからこの範囲でみると、普通畑は1975年の１万0,400 haから1988年（昭和63）には１万1,700 haに増加するが、1991年（平成3）以降減少し、2006年には１万0,600 haになっている。樹園地は1975年の69haから1982年（昭和57）には168 haへと大きく増加するが、その後は減少と増加を繰り返しており、2006年には77 haになっている。牧草地は326 haから1,130 haへと3.5倍に増加していることが特徴となっている[12]。

　生産基盤の整備については、河川のない宮古では復帰時まで長きにわたって水不足が農業生産展開の大きな壁となっていたが、復帰後、地下ダムが建設されたことにより水源の整備は大きく進んだ[13]。2013年（平成25）の整備率（見込み）は、水源整備が79.5％、畑地かんがい61.6％、ほ場整備は56.7％となっている。1991年（平成3）の時点では、それぞれ16.0％、4.6％、27.9％であったので、この間、基盤整備は大きく進んだと言える[14]。沖縄県全体の2013年の整備率（見込み）は、農業用水源整備57.8％、かんがい施設整備46.2％、ほ場整備59.3％であり[15]、宮古の農業生産基盤の整備率は県全体のなかでも高い水準にある。もっとも多良間村では、ほ場整備率は85.7％と高いものの、水源整備率は34.8％、畑地かんがいは10.5％と低い水準にとどまっている[16]。

3．農業産出額の推移

　そこで、以上のような担い手の状況と生産基盤のうえで農業の生産がどのように展開してきたかを農業産出額の面からみてみよう。日本復帰後の宮古における農業産出額（2000年までは農業粗生産額）の推移を示すと図1のようになる。1974年（昭和49）から1985年（昭和60）にかけて、67億円から159億円へと12年の間に2.4倍増加した。その後は、減少と増加を繰り返すが、1989年（平成元）には165億円に達する。しかし、この年をピークに、以降は122億円から146億円の間で変動を繰り返している。2007年（平成19）以降では[17]、2009年（平成21）に157億円に達するが、2011年（平成23）には104億円へと大幅に減少、2013年（平成25）に151億円を回復するという推移をしている。農業産出額の動きを長期的にみると、3年程度安定的に推移する期間もあるが、ほぼ1年おきに減少と増加を繰り返す不安定な動きを続けていることが示されている。

　日本復帰から1985年（平成60）の間は沖縄県全体の農業産出額も大きく増加した。これは日本復帰から1977年（昭和52）にかけて、沖縄農業の基幹作物であったさとうきびの価格が大きく引き上げられ、その後、引き上げ率は低下するが1982年（昭和57）まで上昇の傾向にあったこと[18]、野菜の県外出荷が増加したこと、そのほか、豚、花卉の生産も増加したことなどが背景にあった[19]。宮古では、さとうきびと野菜の増加という基本的な傾向は沖縄県全体と同じであるが、肉用牛と葉たばこの伸びも大きかった。

　図1はまた宮古の農業産出額が県全体に占める割合が1974年（昭和49）の12％台から1999年（平成11）以降15％台に上昇し、2007年（平成19）以降の資料では15％〜17％になっていることも示している。復帰後、県全体における宮古の農業産出額のシェアが徐々に高くなっていることが分かる。もっとも、県全体におけるシェアという観点では、耕地面積で29.8％、農業就業人口で20.2％（『2010年農業センサス』では28.0％）を占めていることからすれば、農業産出額におけるシェアはなお低いと言えよう。

　農業産出額の推移をさらに作目別に示すと図2のようになる。全体として目を引く点は、さとうきびと他の作目の間に大きな開きがあることであ

図1 宮古における農業産出額及び沖縄県の農業産出額に占める割合の推移

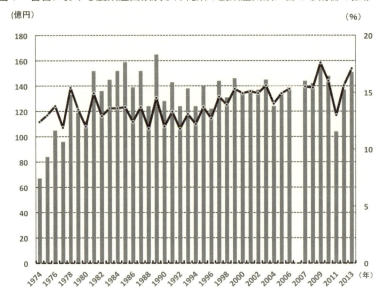

資料：沖縄総合事務局農林水産部『沖縄農林水産統計年報』（「農業粗生産額と生産農業所得」「農業産出額と生産農業所得」、原資料：農林水産省「生産農業所得統計」）。
沖縄県宮古農林水産振興センター『宮古の農林水産業』（「農業産出額の推移」、宮古農林水産振興センター業務資料）、平成27年3月。
注：1) 2006年までは『沖縄農林水産統計年報』による。
2007年以降は「生産農業所得統計」に市町村単位の農業産出額が掲載されていないことから、『宮古の農林水産業』による数値である。
2) 2006年までと2007年以降は資料が連続しないことから、2006年と2007年の間にスペースを入れた。
3) 2000年までは「農業粗生産額」である。

る。特に1995年（平成7）まではその開きは圧倒的である。農業産出額に占めるさとうきび産出額の割合では、1970年代後半から1980年代はおおむね50～60％、1990年代から2006年まではおおむね40％～50％と徐々に低下しながらも高い割合を維持している。2007年（平成19）以降は、やや上昇し、50％前後になる。時期によって変動はあるが、農業産出額のほぼ半分

第2章　宮古農業の構造と課題

図2　宮古における作物別農業産出額

資料：図1に同じ。注：図1に同じ。

はさとうきびが占めている。

　そこで、さとうきび産出額の推移についてみると、1974年（昭和49）の38億円から大きく増加し1989年（平成元）には103億円に達している。この背景には、1982年までは先述のようにさとうきびの価格が上昇の傾向にあったこと、その後は、変動はあるが単収が上昇し、1989年には復帰後最高の10a当たり9,680kgに達した[20]。しかし1990年（平成2）には単収、産出額ともに大きく減少し、以後産出額は44億円から81億円の間を変動しつつ推移している（2011年は特に落ち込みが大きい）。ここでも年次ごとの変動が大きいことが特徴としてあげられる。

　肉用牛と葉たばこは1970年代後半から増加し、90年代前半にはそれまで

さとうきびに次ぐ作目であった野菜を上回るようになる。葉たばこは1974年（昭和49）には4億円の産出額であったが、1984年（昭和59）以降急速に伸び、1993年（平成5）には24億円、1999年（平成11）と2003年（平成15）には30億円を上回るが2004年以降減少から横ばいで推移しており、2013年（平成25）は24億円になる。

　果実は1989年（平成元）ころから伸びはじめ、2000年（平成12）から2004年（平成16）の間は横ばいで推移するが、2007年（平成19）以降は変動を伴いながら増加し、2013年（平成25）には11億円に達している。果実の伸びはマンゴーの増加によるものと考えられる。

　野菜は、かつて、さとうきびが圧倒的な割合を占める宮古の農業産出額の作目構成のなかで、産出額に開きはあるがさとうきびに次ぐ位置にあった。1981年（昭和56）から1994年（平成6）まで産出額は20億円を上回り、農業産出額に占める割合も12～20％を占めた。しかし、1995年（平成7）以降後退し、近年はやや上昇しているが、なおかつての水準には達していない。1981年から1991年までは県全域で野菜の県外出荷が盛んに行われ宮古でもかぼちゃを中心に生産が増加した時期である。その後は外国産との競争に圧され後退したが、近年再び増加しつつある。

　畜産では、肉用牛の増加と豚の後退が特徴的である。肉用牛は1974年（昭和49）の6億円から1982年（昭和57）16億円、1996年（平成8）に22億円になり、2003年（平成15）にはそれまでともに伸びてきた葉たばこを上回るようになる。2006年（平成18）には136億円に達する。飼養頭数では、1975年（昭和50）の1万0,522頭（飼養農家割合43％）から2007年（平成19）には1万8,094頭に増加するが2013年（平成25）には1万4,611頭（22.2％）に減少している。1農家当たりの飼養頭数は1975年の3.3頭から2013年には14頭になっており、多頭化飼育が進んでいる[21]。

　一方、豚は1977年（昭和52）までは肉用牛と肩を並べていたが、1984年（昭和59）の6億円から1985年（昭和60）以降減少し、1993年（平成5）には1億円を下回るようになる。飼養頭数では1975年には1万2,117頭（飼養農家割合10％）であったが、2013年には675頭に減少している[22]。

4．さとうきび及び野菜の検討

以上の作目別の産出額の動きのなかで、宮古における農業産出額のほぼ半分を占めるさとうきびと、かつてさとうきびに次ぐ位置にあったが近年低迷が続いている野菜の課題について個別に検討することにしよう。

(1) さとうきび

さとうきびは県全体では後退の傾向にあるが、宮古では生産が維持されている。しかし、さとうきびの生産量、産出額は年次ごとの変動が大きく、このことが、先に見た宮古の農業産出額の変動の大きな要因になっていると考えられる。

農業産出額及びさとうきび産出額の対前年増減率の推移を示すと図3のようになる。農業産出額の対前年増減率とさとうきび産出額の対前年増減率は多くの年で同じ方向に動いている。そこで、それぞれの対前年増減率と農業産出額の対前年増減におけるさとうきび産出額の対前年増減の寄与率をみると表1のようになる。さとうきび産出額の変動と農業産出

図3　宮古における農業産出額及びさとうきび産出額の対前年増減率の推移

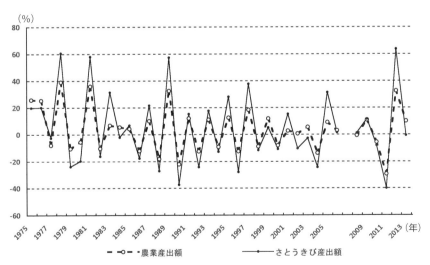

資料：図1に同じ。注：図1に同じ。

表1　農業産出額の対前年増減率・さとうきび産出額の対前年増減率及び農業産出額の対前年増減に対するさとうきび産出額の対前年増減の寄与率

単位：％

年	農業産出額対前年増減率	さとうきび産出額対前年増減率	農業産出額の増減に対するさとうきび産出額増減の寄与率	年	農業産出額対前年増減率	さとうきび産出額対前年増減率	農業産出額の増減に対するさとうきび産出額増減の寄与率
1975	25.5	19.4	42.8	1995	12.9	27.8	104.8
1976	25.0	19.8	42.6	1996	-12.8	-28.2	115.9
1977	-8.2	-2.8	17.1	1997	18.0	37.5	90.0
1978	38.7	60.2	84.5	1998	-9.2	-12.0	65.4
1979	-10.8	-24.3	141.4	1999	11.5	4.9	20.9
1980	-5.8	-20.1	183.7	2000	-8.3	-11.2	62.0
1981	35.6	57.7	73.3	2001	2.5	14.9	258.8
1982	-10.7	-16.5	81.3	2002	0.4	-10.6	-1440.0
1983	6.6	31.2	231.3	2003	5.3	-3.0	-24.7
1984	5.3	-2.4	-27.3	2004	-14.0	-24.7	71.9
1985	4.0	6.5	90.3	2005	8.8	31.1	125.5
1986	-12.4	-17.9	82.9	2006	2.7	1.2	19.4
1987	9.7	21.3	118.6				
1988	-18.4	-27.4	89.0	2008	-1.0	0.9	-43.8
1989	32.3	57.0	93.5	2009	10.5	11.2	54.5
1990	-22.5	-37.6	105.2	2010	-5.9	-8.4	72.8
1991	11.7	15.0	64.9	2011	-29.7	-40.3	67.9
1992	-12.8	-24.5	99.3	2012	32.3	63.4	83.1
1993	10.7	17.4	73.5	2013	9.7	-1.0	-5.6
1994	-9.5	-13.0	65.4				

資料：　図1に同じ。
注　：　1）図1に同じ。
　　　　2）さとうきび以外の作目の寄与率は紙幅の都合から省略した。
　　　　　全作目の寄与率の計は100になる。

額の変動が正負の同じ向きにあり、その率が50％を超える年が38年のうち28年（73.7％）ある。そのほか、向きは逆だが寄与率の絶対値が50を上回る年が1年ある。農業産出額の変動はさとうきび産出額の変動に大きく左右されていることが示されている。宮古において年毎に変動を繰り返している農業産出額の安定のためにはさとうきび作の安定化が重要である。

　さとうきび生産の安定と増産については2006年（平成18）に策定された『さとうきび増産プロジェクト計画』（以下、『増産プロジェクト』とする。）によって示されている。同計画ではさとうきび生産の課題と長期

的な生産の方向が島ごとに示されており、宮古では2015年（平成27）までに収穫面積4,978ha、10a当たり収量7.0 t 、生産量34万7,441 tの生産が計画されている⁽²³⁾。これに対して、2014年（平成26）の実績は収穫面積4,802ha、10a当たり収量6.7 t 、生産量32万2,207 tである⁽²⁴⁾。目標年の1年前であるが目標とはなお開きがある。基本的には計画の着実な実行が期待されるが、ここでは二つのことについて取り上げておきたい。

その一つは、さとうきびの作型構成の変化とその対応についてである。宮古におけるさとうきび作は2010年（平成22）ころまではほとんどが夏植えであったが、近年株出しが増えつつある（図4）。『増産プロジェクト』でも株出し拡大の方向が示されている。株出しは1年1作であり、かつ植付けの作業が省かれることから、夏植えに比べて耕地の利用度が高くなり、また生産費も削減される。

もっとも、宮古におけるさとうきび作型の構成をより長い期間でみると、1979年（昭和54）までは作付面積の半分以上を株出しが占め、夏植えは30％前後であった。1980年（昭和55）から夏植えが増えるようになり、1985年（昭和60）以降80％以上を占めるようになったという経緯がある（図4）。これは、株出しの不萌芽を引き起こす害虫（アオドウガネ、ハリガネムシ等）の「特効薬的」^{（ママ）}であった有機塩素系の農薬が1971年（昭和46）に製造販売禁止になり、以降徐々に使用されなくなったことよると言われている（仲宗根、2001）⁽²⁵⁾。近年、誘殺灯の設置や土壌害虫防除に効果的な農薬（プリンスベイト剤）の使用などによるこれらの害虫の被害が低減されるようになり株出しが増えつつあることが報告されている（友利、2013）⁽²⁶⁾。

株出し栽培の現在の課題としては、植え付けや株出し管理作業の開始時期が遅いことがあげられ、その対策として栽培時期の早期化、夏植え型秋収穫株出し栽培が提起されている（宮城、2009）⁽²⁷⁾。さらにこれと重なる部分もあるが、① 初期管理が遅れがちである、② 早期株出し管理作業の増収・増益効果について疑問を抱く農家がいる、③ 増収のためではなく労働力削減を期待している農家も多い、④ 夏植え用の苗に

図4　宮古におけるさとうきび作型別構成(収穫面積)の推移

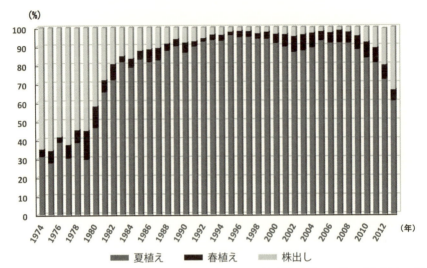

資料：沖縄県宮古支庁『宮古の農林水産業』(「さとうきび栽培農家数・面積及び生産量」、原資料：「さとうきび及び甘しゃ糖生産実績」)、平成元年12月、平成14年12月。
　　　宮古農林水産振興センター『宮古の農林水産業』(「さとうきび栽培農家数・面積及び生産量」、原資料：「さとうきび及び甘しゃ糖生産実績」)、平成27年3月。
注：　友利研一「宮古地域におけるさとうきび栽培の現状と機械化栽培体系の推進について」《農畜産業振興機構『砂糖類・でん粉情報』No.15 (2013年12月)》では作型構成が実数で示されている。

使用してしまう、⑤管理不足による雑草繁茂により機械収穫ができない、といった問題も指摘されており、これらに対しては、早期株出しの効果や管理作業のメリットの周知、品種別の株出し技術の確立、展示ほ設置などがあげられている（友利、2013）[28]。

　これらは、栽培の面からの課題と対策であるが、さらに長期的な視点から株出しを安定的に維持していくためには、地力の維持・増進がこれまで以上に重要になろう。『増産プロジェクト』においても、堆肥や有機質肥料の投入、緑肥の鋤き込みによる土づくりがあげられている。しかし、緑肥については近年、作付面積は減少しているのである[29]。堆肥投入の状況について把握できないが、『増産プロジェクト』のなかで

は、宮古島、伊良部島、多良間島ともに堆肥の投入が少ないことが指摘されている。土づくりを進めるには、個別農家の枠を超えた堆肥の供給と需要をつなぐ地域的な耕畜連携の形成が求められる。

今一つの点は経営改善基盤強化の方向である。宮古におけるさとうきび経営規模別（収穫面積）の構成は、1ha未満層70％、1〜2ha層25％、2〜5ha層4.8％、5ha以上層0.1％である[30]。沖縄本島ほど極端ではないが、大部分は1ha未満の規模である。『増産プロジェクト』では、零細な経営規模と担い手が高齢化している状況のもとで、「農地の利用集積・効率的なさとうきび経営の育成と労働力の確保」の方向として、①認定農業者・法人化の推進、②受託組織の育成、③単収の引き上げ、をあげている。

小規模の生産者や高齢者が多い状況のもとで、重労働を要する作業の委託と機械化体系は重要である。しかし作業の委託は一方では経営費が増えることでもあり、それを補う条件の整備も必要であろう。そのためには新たに所得を得ることができかつ小規模農家や高齢者にも取り組める地場野菜などの生産と利用の仕組みを地域として形成することが求められよう。小規模経営の農家や高齢者がこうした生産に取り組むことによって、重労働を要するさとうきび作はより規模の大きい農家へ作業を委託する、あるいは農地の利用を委ねるといった動きにつながっていくことが考えられる。

(2) 野菜

図5は野菜の生産の推移を示したものである。野菜の作付面積は1974年（昭和49）の291haから1983年（昭和58）の1,120haに急増するが、1986年（昭和61）から1996年（平成8）にかけて急速に減少し、以後横ばいで推移するが2003年（平成15）には239haにまで落ち込んだ。最盛期1983年の21.3％である。その後やや増加するが、2012年（平成24）、2013年（平成25）は再び200ha台になる。生産量も作付面積と連動した動きをしているが、作付面積に比べると減少の割合は小さい。

産出額の推移は図1においても示したが、作目全体のなかでは目盛の値が大きく動きがとらえ難いことから図5において再度示した。1974年から1980年代半ばにかけての野菜の増加は、県全体で県外出荷野菜が増

大していた時期であり、宮古でもかぼちゃを主力品目として出荷し、最盛期には県全体の県外出荷の40％から50％を担っていた[31]。しかし、かぼちゃの県外出荷は1987年(昭和62)ころから急速に減少した。かぼちゃの後退の一方、1980年代後半からとうがんの生産が増加し（1990年代前半は一時期すいかも増加している）、さらに近年、かぼちゃが再び増加の傾向にあり、ゴーヤーの生産も増えつつある[32]。

ところで、宮古の地域内の需要に対して生産はどのくらい対応しているのであろうか。宮古の野菜の生産量と消費仕向けの関係をみるため

図5　宮古における野菜の作付面積・収穫量と産出額の推移

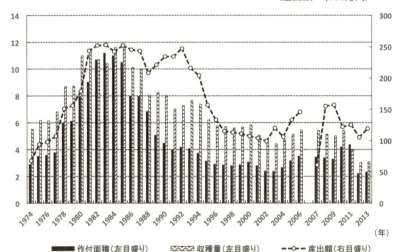

資料：前掲、『沖縄農林水産統計年報』(「野菜の収穫面積と収穫量」「野菜の作付面積・収穫量及び出荷量」)、各年。
　　　前掲、『宮古の農林水産業』(「作物別作付面積及び生産量」)、平成27年3月。
　　　産出額は図1に同じ。
注：1) 作付面積、収穫量の1974年〜2006年までは『沖縄農林水産統計年報』、2007年〜2013年は『宮古の農林水産業』
　　2) 産出額は図1に同じ。

に、その「自給率」を沖縄県の自給率算出の方法を用いて試算すると、2011年（平成23）で83.3％、2012年では58.3％になる[33]。『沖縄県の園芸・流通』（沖縄県農林水産部、平成28年2月）による沖縄県全体の野菜の自給率はそれぞれ39.6％、39.9％であるので、宮古の野菜の「自給率」は沖縄県のなかでは高いと言える。しかし、この計算は宮古の現住人口の消費を前提としたものであり、観光客の需要は含まれていない。宮古の観光客入込数は2012年度で41万3,654人となっている[34]。滞在日数を3日とすると、観光客だけで年間3,400人の需要があることになる。

宮古の野菜の生産は地域の需要を満たしていないと言える。島内需要に対応した生産拡大の余地はあり、観光客の需要を入れるとその可能性はさらに大きくなると考えられる。地域の需要を対象にかつ小規模農家や高齢者にも対応できるような生産拡大の検討が求められる。

5．農業6次産業化への取り組み

宮古の農業においては、農業産出額の作目別構成でさとうきびが大きな割合を占め、それに次ぐ肉用牛、葉たばこ、野菜、果実などの作目との間に大きな開きがある。そうしたなかで農業産出額は年毎に大きく変動を繰り返しており、地域経済だけでなく個別農家にとってもその安定化が課題である。そのためには、農業産出額のほぼ半分を占めるさとうきび生産の安定化を図るとともに農業の多角化が求められる。多角化には様々な形態があるが、近年各地で取り組まれている仕組みとして農業6次産業化がある。

農業6次産業化は1990年代前半に今村奈良臣氏が提唱した考え方であり、第1次産業の農業生産に、第2次産業の加工部門と第3次産業の流通・販売部門を組み入れた産業総合化の構想である。もっとも、それは単に農業と2次産業、3次産業の組み合わせということだけではなく、所得と雇用の場の拡大、安全・安心な食料の供給、消費者との連携、経営コストの低減、地域の環境保全、都市農村交流などを含む仕組みである[35]。

農林水産省でも『2005年農業センサス』から「農産物の加工」、「店や消費者への直接販売」、「貸農園・体験農園等」、「観光農園」、「農家民宿」、

「農家レストラン」などを農業生産関連事業と位置づけ、これらの事業を行っている農業経営体を把握するようになった(36)。

さらに、2010年には「六次産業化・地産地消法」が制定され、2011年から一定の要件を満たした事業体を6次産業化総合化事業として国が認定し支援する制度がスタートした。

宮古において農業生産関連事業を営んでいる事業体は『2010年農業センサス』によれば124戸である。これは宮古の農業経営体4,508戸のうち2.8％である。沖縄県の農業経営体に占める農業生産関連事業を営んでいる農業経営体の割合6.9％に比較してかなり低い。宮古における農業生産関連事業の事業形態の内訳では「消費者に直接販売」が85事業体で59.4％、農産物加工が19事業体で13.2％と、この二つの形態で72.6％を占め、他の形態は極めて少ない(37)。

しかし、「農業センサス」では把握されてないが、宮古では農家民泊の取り組みが盛んである。宮古島市観光協会、NPO法人いけま福祉センター、さるかの会といった団体は県内でも先駆的に民泊活動に取り組んできており(38)、その蓄積はこうした事業の今後の展開においても貴重である。観光と農家民泊の連携、さらに地場の伝統野菜とも結合を図り、地産地消を拡大することによって農業が多面的に展開していくと考えられる。先にさとうきびの項でも触れたが、こうした取り組みの担い手として小規模農家や高齢者を位置づけることによって、所得の確保、労働力投入の場となれば、さとうきび作における受託、機械化を進める受け皿にもなると考えられる。

一方の「六次産業化・地産地消法」に基づく総合化事業計画の認定は沖縄県で平成27年2月27日現在52件（ファンド事業を除く）あるが、宮古島市ではそのうち4件が対象となっている(39)。沖縄県における「6次産業化・地産地消法」に基づく総合化事業のイメージを具体化するために、これまでの総合化事業で活用されている農産物を分類して示すと次のようなものがある(40)。

① 果樹：マンゴー、パインアップル、シークヮーサー、パッションフルーツ、タンカン、ドラゴンフルーツ、バナナ。（その他、品目をまとめた表記：果樹、熱帯果樹、沖縄産果実）
② 工芸作物：大茎種サトウキビ（黒糖）、ピパーツ、スパイス、グアバ茶、コーヒー、ノニ、ハーブ、アロエベラ、月桃、島藍。
③ 野菜：かんしょ、島ニンニク、しょうが、人参、クヮンソウ、鈴かぼちゃ、ミニトマト、もやし。（その他、品目をまとめた表記：伝統的島野菜、規格外野菜）
④ その他作物：小麦、米粉、大豆、蕎麦、ブーゲンビレア、なた豆、クーガ芋、モリンガ、キャンドルブッシュ。
⑤ 畜産物：豚、島豚、アグー、アグー交配豚、猪豚、黒毛和種、ジャージー牛、牛肉、乳牛、山羊、黒鶏、鶏肉、鶏卵。
⑥ 水産物：モズク、すっぽん。
⑦ 林産物：生しいたけ。

　これらの農産物の多くは沖縄の地域性に根差した農産物であり、沖縄の6次産業展開の基盤となっている。宮古においても6次産業化に活用できる地域資源は多様に存在していると考えられる。
　もっとも、6次産業化は「六次産業化・地産地消法」に基づく総合化事業だけではなく、その本来の考え方は、先述したように、農業のなかに農産物の加工と販売・流通を取り込み、農業・農村に雇用の場を作り所得の拡大を目指すものである。地域農業の活性化の観点からは、農家民泊、体験農業、農家レストラン、観光農園など農業生産関連事業を含めた幅広い事業の取り組みとそれらの連携が求められる。そうした中から「六次産業化・地産地消法」に基づく総合化事業への展開を目指すという構想と戦略が必要であろう。

6．まとめ

　宮古においては、農業は地域の社会・経済のなかで大きな役割を担っている。宮古の農業は、1972年の日本復帰後、農家数と農業就業人口は大き

く減少したが耕地の面積は維持され、また生産基盤の整備が進んだ。

　農業産出額は1985年までは増加するがその後は減少の傾向で推移し、また増減の変動が大きい。作目別にはさとうきびが農業産出額のほぼ半分を占め、近年、肉用牛、葉たばこ、果実が伸びつつある。さとうきびの産出額も変動が大きく、そのことが農業産出額の不安定さにつながっていると考えられ、その安定化が課題である。

　さとうきび作の作型は、従来、夏植えが主体をなしていたが、近年株出しが増えつつある。株出しを長期的に安定させるためには、地力の維持・増進が大きな課題である。また、経営規模が零細で担い手の高齢化が進みつつある状況のもとで、経営規模や受委託の拡大が求められるが、そのためには、経営規模の小さな農家や高齢者が取り組める作目の導入などの条件の整備が課題である。

　一方、かつてさとうきびに次ぐ割合を占めていた野菜は、近年大きく減少しており、地域の需要を満たすに至っていない。地域の需要を対象とした伝統的野菜などの生産の拡大も必要である。さとうきび作、野菜作の課題は、それぞれの部門のなかだけでなく作目の組み合わせも含めて、地域農業全体のなかで構造的にとらえる必要があろう。

　さらに、地域の農水産資源を活用し6次産業化と地産地消を拡大することによって地域農業を活性化することも各地で取り組まれるようになっている。6次産業化は、広義には農業生産関連事業を含めてとらえることができ、これらを基盤として「六次産業化・地産地消法」に基づく総合化事業化を位置づけることが必要であろう。そのためには、6次産業化を地域農業のなかに位置づけ、農業生産関連事業と農業生産との関連及び「六次産業化・地産地消法」に基づく総合化事業推進の構想と戦略を策定することが求められる。

謝辞

　本稿の作成にあたっては、沖縄県宮古農林水産振興センターより関連資料の提供をいただいた。また野菜の自給率の算出については、沖縄県農林水産部流通・加工推進課、さとうきびについては同糖業農産課の担当者から有益な助言をいただいた。記して感謝申し上げる。

第 2 章　宮古農業の構造と課題

注及び引用・参考文献（資料を含む）

（1）増田寛也編著『地方消滅―東京一極集中が招く人口急減―』中公新書、2014年10月。
（2）沖縄県企画部『離島関係資料』(「島別人口の推移」、原資料：「国勢調査」)、平成27年1月。
　　沖縄県統計協会『沖縄県統計年鑑』(「市町村別人口及び人口密度」、原資料：「国勢調査」)、第16回、第35回、第56回。
（3）前掲、『離島関係資料』(「島別人口の推移」、原資料：「国勢調査」)。
（4）総世帯数、人口、産業別就業人口は、沖縄県統計協会『第56回沖縄県統計年鑑（平成25年版）』（原資料：総務省「平成22年国勢調査」）による。
　　農家数、農家世帯員数（販売農家）は農林水産省『2010年世界農林業センサス』による。
（5）沖縄総合事務局農林水産部『第39次農林水産統計年報』(「耕地面積」、原資料：農林水産省「作物統計調査　耕地面積調査」)、平成21年～平成22年。
（6）前掲、『第56回沖縄県統計年鑑』(「市町村別、男女別15歳以上産業別就業者数」原資料：「平成22年国勢調査」)。
（7）前掲、『第56回沖縄県統計年鑑』(「市町村別世帯の種類別世帯数及び世帯人員」)。
（8）宮古支庁農林水産課『宮古の農林水産業』(「農家数及び耕地面積」、原資料：「国勢調査」、「農業センサス」、「耕地面積調査（宮古支庁）」)。
（9）前掲、『第56回沖縄県統計書』(「市町村別人口、人口密度及び世帯数」、原資料：「平成22年国勢調査」）及び『2010年農業センサス』）により算出。
（10）沖縄県宮古支庁『宮古の農林水産業』(「農家数及び耕地面積」、原資料：「農業センサス」、「耕地面積調査（宮古支庁）」)、平成元年12月、及び沖縄県宮古農林水産振興センター『宮古の農林水産業』(「農家数及び経営耕地面積」、原資料：前掲、『2010年農業センサス』)、平成27年3月。
（11）沖縄総合事務局農林水産部『沖縄農林水産統計年報』(「耕地面積」)、第4次、第8次、第13次、第17次、第21次、第26次、第31次、第36次、第42次。
（12）前掲、『沖縄農林水産統計年報』(「耕地面積」)。
（13）沖縄県農林水産部宮古農林土木事務所『うるおい』平成6年3月、「干ばつ被害状況」、及び前掲、『宮古の農林水産業』平成27年3月、p.81。
（14）前掲、『宮古の農林水産業』(「農業基盤整備の状況」)、平成27年3月。
（15）沖縄県農林水産部『沖縄の農林水産業』(「農業基盤整備」)、平成27年3月。
（16）前掲、『宮古の農林水産業』(「農業基盤整備の状況」)、平成27年3月。
（17）市町村別の農業産出額は2007年（平成19）以降、『農林水産統計年報』に掲載されていないことから、以下、2007年以降の数値は、前掲、『宮古の農林水産業』の（「農業産出額の推移」、宮古農林水産振興センター業務資料）による。
（18）沖縄県農林水産部『糖業年報』（第55号）(「年期別原料販売実績」)、平成27年3月。
（19）沖縄県農林水産部『沖縄の農林水産業』昭和60年、pp.12-20。
（20）前掲、『宮古の農林水産業』(「さとうきび栽培農家数・面積及び生産量」、原資料：沖縄県農林水産部「さとうきび及び甘しゃ糖生産実績」)、平成元年12月、平成14年12月、平成27年3月。

(21) 前掲、『宮古の農林水産業』(「畜産」) 平成元年12月、及び前掲、『宮古の農林水産業』(「畜産」)、平成27年3月。
(22) 前掲、『宮古の農林水産業』(「畜産」)、平成元年12月、及び前掲、『宮古の農林水産業』(「畜産」) 平成27年3月。
(23) 沖縄県農林水産部『さとうきび増産プロジェクト計画』、平成18年3月。
計画は、宮古島、伊良部島、多良間島の島別に策定されているが、ここでは三島の合計を示した。10a当たり収量は生産量と収穫面積から算出した。
(24) 沖縄県農林水産部『さとうきび及び甘しゃ糖生産実績』平成26/27年期、平成27年9月。
(25) 仲宗根盛徳「宮古のさとうきび栽培」『宮古支場移転20周年記念誌』2001年2月、p.13.
(26) 友利研一「宮古地域におけるさとうきび栽培の現状と機械化栽培体系の推進について」農畜産業振興機構『砂糖類・でん粉情報』No. 15、2013年12月、p.6.
(27) 宮城克浩「沖縄県宮古地域のさとうきび増産に向けた株出し推進について」農畜産業振興機構『砂糖類・でん粉情報』No. 150、2009年3月、pp.24〜25.
(28) 前掲、友利研一「宮古地域におけるさとうきび栽培の現状と機械化栽培体系の推進について」、pp.7〜8.
(29) 前掲、『宮古の農林水産業』(「緑肥作物」)、平成27年3月。
(30) 『さとうきび及び甘しゃ糖生産実績』(「平成26/27年期さとうきび作経営規模別農家数」)、平成26/27年期。
(31) 農協出荷の構成であり、期間は年度単位である。沖縄県農林水産部『沖縄県の野菜・花の統計』(県外出荷の状況)、昭和58年〜61年。『沖縄県の野菜・花きと流通』(県外出荷の状況)、昭和62年〜平成元年。
(32) 前掲、『宮古の農林水産業』(「野菜類」)、平成元年12月、平成14年12月、平成17年12月、平成27年3月。
(33) 試算の基礎項目のうち、人口は沖縄県企画部『離島関係資料』平成27年3月の「住民基本台帳人口」により、2011年(平成23) 56,023人、2012年(平成24) 56,037人とし、「野菜の消費格差」、「1人当たり粗食料」は県全体と同一とした(沖縄県農林水産部『沖縄の園芸・流通』(「青果物、花きの需給表」)、平成28年2月 (www.pref.okinawa.jp/site/norin/engei/documents/p108-p126.pdf)〈最終閲覧日：2016年7月31日〉。「消耗量」及び「消費仕向け量」の算出については、沖縄県農林水産部流通・加工推進課担当者の教示を得た。
2011年から2012年にかけて宮古の野菜の自給率が大きく低下していることは、この間生産量が大きく減少したこと、野菜の粗食料が増加した(沖縄県平均の数値を利用)によると考えられる。
(34) 沖縄県『観光要覧(平成25)』(「離島における入込観光客数」)、平成26年10月。www.pref.okinawa.lg.jp/site/bunka-spots/kankoseisaku/index.html (最終閲覧日：2016年2月8日)。
(35) 今村奈良臣「新たな価値を呼ぶ、農業の6次産業化」〜動き始めた、農業の総合化戦略〜、21世紀村づくり塾『地域に活力を生む、農業の6次産業化』、平成15年3月。
(36) 「農産物の加工」、「店や消費者に直接販売」、「観光農園」については、『2000年農業セ

(37) 事業形態の延べ数計に対する割合である。『2010年農業センサス』。
(38) 内藤重之「離島農村地域における新たな都市農村交流ビジネスの展開と地域内経済効果の計測」(科学研究費助成事業(科学研究費補助金)研究成果報告書)、平成25年5月30日。(日本学術振興会、科研費データベース)
http://kaken.nii.ac.jp (最終閲覧日：2016年2月12日)。
(39) 沖縄総合事務局農林水産部ホームページ「沖縄における認定事業計画」(平成23年度第1回認定〜平成26年度第3回認定)。
http://ogb.go.jp/nousui/syokusan/6jika/012708.html　(最終閲覧日：2016年2月8日)。
(40) 前掲、「沖縄における認定事業計画」の事業一覧において表記されている農産物をあげた。農産物の表記は前記ホームページによる。同じ農産物が別称で表記されている場合もそれぞれを示した。

付記：本稿の各統計数値は、2016年7月時点で把握したものである。

第3章 宮古の土壌、「島尻マージ」の生成環境

渡嘉敷 義浩（琉球大学名誉教授）

渡嘉敷 義浩（とかしき よしひろ）
1944.1.21 台湾台東庁生まれ。那覇市住吉町出身。九州大学大学院博士課程中退（農学博士）。土壌学、粘土鉱物学。「沖縄に分布する島尻マージおよびジャーガルの土壌特性」、「選択溶解法による土壌粘土の鉱物分析」ほか。

1、はじめに

　宮古島を上空から見下ろすと、眼下にはサトウキビと赤褐色の畑土壌の広がりが目に入るに違いない。宮古島に堆積・分布する赤褐色の土壌は、国内では「暗赤色土」と呼称され、県内の沖縄方言では「島尻マージ」と呼称されている。宮古島の周辺には伊良部島、下地島、多良間島、水納島、来間島、池間島および大神島が点在する。これらの島々に堆積する土壌のほとんども赤褐色を呈し、同様の「島尻マージ」である。また、宮古島と後者の2島（池間島と大神島）には、露出面積は小さいが「ジャーガル」と呼称する灰色の土壌も局部的に分布し、「灰色台地土・石灰質」と呼称している。両土壌の理化学性等はいずれも沖縄島に堆積・分布する「島尻マージ」や「ジャーガル」に類似している。

　上で述べたように畑土壌が表面の土色によって分類されていることを気づいたに違いない。沖縄県内では、上述の赤褐色を示す弱酸性～中性土壌の「島尻マージ」の他に、赤色・赤黄色・黄色を呈する強酸性土壌の「国頭マージ」、および灰色を示すアルカリ性土壌の「ジャーガル」が代表的な三大土壌として知られている（P8.口絵参照）。また、低い地形の地域にはこれらの土壌の再堆積物である強酸性～アルカリ性の沖積土も分布し、沖縄方言では「カニク」と総称されている（渡嘉敷、2015）。

ところで、「島尻マージ」には不明瞭の興味深い事象が二つ存在し、研究者間での見解が異なっている。一つは、その土壌の母岩・母材が果たして琉球石灰岩だけであるのか否かである。あと一つは、その土壌中に散見される大小の粒状物(ヤギやウサギの糞塊に類似)の「マンガンノジュール」が、果たして海底中での生成物(海成)なのか陸地上での生成物(陸成)なのかである。ここでは、不明瞭のこれら二つの事象について生成環境の面から私見を述べる。

2、土壌の生成と役割

陸地上に堆積・分布する土壌の理解を深めて欲しいので、先ずは、どのようにして土壌が生成したのかをやや詳しく説明したい。当初の土壌は、陸地上に露出した岩石(母岩)やそれらの風化堆積物(母材)が、その露出した地域の環境条件下で幾重もの影響(風化・土壌生成作用、図1)を受けて生成される(安西、2001)。環境条件としては、降水量の多少や気温の高低等の"気候条件"、微生物や菌類も含めた大小の動物類に草本や樹木等の多くの植物類を含めた"生物条件"、山並みの高低差や傾斜の急峻さの異なる渓谷等の"地形条件"、田畑を耕作する農業や畜産業や林業等の人間行為による"人為条件"、および地域の陸地上に露出して受ける長短や速度の期間等の"時間条件"等が挙げられる。即ち、堆積・分布する

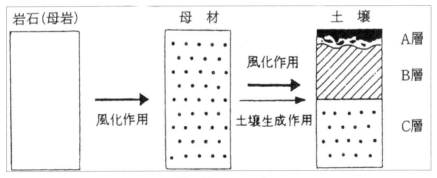

図1 土壌の生成過程と土層の分化(安西、2001)

地域の環境条件下で、陸地上に露出した母岩や母材の"無機物"が、時間経過に伴って粒子直径の異なる砂礫や粘土粒子等に徐々に変化する過程が先行する。その変化する過程に並行して、生育した大小の植物類の枯死残渣および成長した大小の動物類の遺体残渣の両方の"有機物"が添加・混合する。その結果、土層の厚さや構造も含めて理化学性の異なる特徴的な土層を有した土壌が生成される。

そして、地球上の各地域の陸地に生成されて堆積・分布する土壌は、地球上における私達の大気・水・食糧・生命等に関わる物質循環の重要な"要"として大きな役割を担っている。また、局所的には動物や植物への養分、水分および空気の保持・供給・調節に関わる役割に加えて、根が伸張する場所となることによって植物体を支持する役割も担っている。

3、「島尻マージ」と「ジャーガル」の呼称名

沖縄方言の呼称「マージ」は、古い農書や農務帳に"真地"、"まわ地"、"真和地"等の記載が見られ、徳永理学博士により「島尻マージ」（隆起珊瑚礁を母岩とするマージ、中性〜アルカリ性）、および「国頭マージ」（火山に由来する安山岩を母岩とするマージ、酸性）に大別された（日本農書全集、1983）。「マージ」の前につけている"島尻"や"国頭"の呼称は南部地域の島尻郡や北部地域の国頭郡に対応し、沖縄島の地域（郡）名に由来しているものと考えられる。「ジャーガル」も沖縄方言で呼称する土壌名で、先述の古い農書や農務帳に"ちゃかる"、"ぢゃがる"等の表現が見られる。永塚（2007年）は"おもろさうし"に記述の"きやかる（ちゃかる＝輝かしい）日"をヒントに、"輝かしい光沢面のある土壌"という意味として"ちゃかる"の語源を推測している。

なお、両土壌に関わる分布面積や細分類（大屋、1973）、一般的な理化学性や鉱物組成、および作物や樹木の植栽および改善の方策等に関しては、「国頭マージ」も含めて既往の著書（熱帯農業研究センター、1985；日本土壌肥料学会九州支部、2004；日本ペドロジー学会、2007；海洋博覧会記念公園管理財団、2011）の記述内容や参考文献等を参照して頂き、ここでは「島尻マージ」の一般理化学性（表1）のみを示して省略したい。

表1　島尻マージの一般理化学性

土層	水分(%)	粒径組成(%)				土性	容積重(g/100ml)	三相分布(%)			ち密度(mm)	透水係数(cm/sec)
		粗砂	細砂	微砂	粘土			固相	液相	気相		
作土	4.2	3.9	13.8	32.9	49.4	HC	117	43.5	35.1	21.4	15	10^{-3}
下層土	5.0	3.5	11.1	25.6	59.8	HC	125	48.3	47	4.7	25	10^{-6}

土層	pH		有機物(%)	全炭素(%)	全窒素(%)	C/N	CEC (cmol$_c$/kg)	交換性塩基(cmol$_c$/kg)				塩基飽和度(%)	リン酸吸収係数	有効態リン酸
	H$_2$O	KCl						Ca	Mg	K	Na		(mg/100g)	
作土	6.8	6.1	2.8	1.6	0.21	7.6	17.5	18.2	2.7	0.6	0.6	126	972	1.6
下層土	6.7	6.0	1.4	0.8	0.11	7.3	1.0	11.7	2.2	0.3	0.6	93	1043	0.2

（渡嘉敷、1993）

4、「島尻マージ」とその母岩・母材

「島尻マージ」の母岩・母材であるとする琉球石灰岩とは、造礁サンゴの堆積物を呼称している。ちなみに、造礁サンゴ（腔腸動物のイシサンゴ類等、体内に褐虫藻が共生）の成育条件には、比較的に浅い海底（水深45mまで）で、海水温度（18～35度）と塩分濃度（25～40パーミル）、高い透明度（藻類等の光合成に必要）および陸地からの著しい土砂流入が無い等の環境（氏家、1990a）が必要であることは知られている。

ところで、「島尻マージ」は、第四紀更新世に発達したサンゴ礁堆積物起源の琉球石灰岩層上に堆積・分布している。そして琉球石灰岩層の下部には、中国大陸の黄河や揚子江起源の海底土砂堆積物の沖縄方言では"クチャ"（第3紀島尻層群泥岩）が基盤として堆積している。その琉球石灰岩層は段丘を形成して、古い順に那覇石灰岩層（約50万年前に形成）、読谷石灰岩層（約20万年前に形成）および牧港石灰岩層（約12万年前に形成）の存在が知られている（兼島、1965；河名、1988）。これらの段丘形成時代（図2）には、隆起や陥没等の地殻変動があったと考えられ、沖縄第四紀調査団によって"うるま変動"と呼称されている（河名、1988：氏家、1990b）。

「島尻マージ」の母岩・母材の種類や土壌生成に関わる風化過程等に関して、多数の研究報告が見られるが未だ不明瞭なことが多く、二つの大き

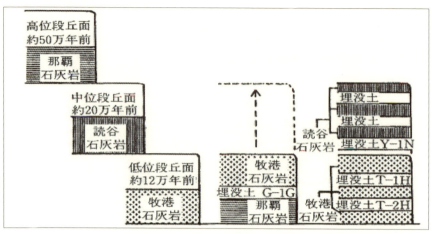

図2　沖縄島の琉球石灰岩段丘面と埋没土の関係（渡嘉敷ら,1991）
  1）破線の矢印は、うるま変動によって高位段丘面にあるべき那覇石灰岩が陥没し、その上に埋没土が堆積した後、その埋没土の上に低位段丘面にあるべき牧港石灰岩が形成され、さらに中位段丘面の標高までうるま変動によって隆起したと考えられる現地を示す。
  2）埋没土の採集地、G－1G：八重瀬町具志頭、T－1Hと2H：南城市玉城堀川　Y－1N：読谷村長浜。

な考え方があるように思われる。一つの視点は、本土壌が琉球石灰岩だけを母岩・母材として生成されたとする考え方である。その理由としては、本土壌は琉球石灰岩層上に堆積して分布し、土層中には琉球石灰岩礫が混入することに加えて、浅い土層では琉球石灰岩層の基岩が露出することなどが挙げられる（永塚、1985）。そして、琉球石灰岩に由来する土壌はその生成年代の新しいものから古い順に、最低位段丘面のサンゴ石灰岩リソゾル（未熟土）→低位段丘面のレンジナ（温帯の石灰岩地域の斜面に生成する土壌）様土→中位段丘面のテラフスカ（湿潤温帯の石灰岩地域の平坦部に生成する土壌）様土→高位段丘面のテラロッサ（温帯の冬は温暖で雨が多く、夏は高温で乾燥する地中海沿岸の石灰岩台地上に生成する赤色土壌）様土といった時系列的発達段階をもち、分布する土壌は段丘・台地面にきわめてよく対応しており、それらの理化学性もこの時系列に従って規則的に変化していることが認められている。永塚（1985）によれば、次第に表層の

第3章 宮古の土壌、「島尻マージ」の生成環境

有機物含量が10%から2%前後に減少し、土層が数cmから60cm以上も厚くなり、表層では交換性陽イオンの溶脱が進みアルカリ性（pH 9前後）、中性（pH 7付近）から弱酸性（pH 6.5〜5.6）、さらに酸性（pH 5.5付近）を示す。

　もう一つの視点は、本土壌が琉球石灰岩の母岩を含めて、周辺土砂も流入・混合して堆積した風化物由来の母材から生成されたとする考え方である。その理由としては、「島尻マージ」では砂画分の一次鉱物組成が本県内の島嶼のそれぞれで異なり（山田ら、1973）、細砂画分中には火山噴出物による影響も示唆され（阿部・福土、1973）、純度の高い琉球石灰岩由来の風化物（土壌）では1メートル以上の土層の厚さの説明が困難である（渡久山、1984）ことに加えて、本土壌は中国大陸からの黄砂等の風成塵による影響も受け（井上・溝田、1988）、深さ方向への岩石風化の傾向が認められず（前門、1990）、琉球石灰岩層の間に挟まれた埋没土（写真1）中に長石

写真1　琉球石灰岩層間の埋没土

(Fd）が含まれていたり、いなかったりという一次鉱物組成の違いが見られ、さらに「ジャーガル」や泥岩に含まれる主要粘土鉱物であるスメクタイトが随伴する（表2、渡嘉敷ら、1991）ことなどが挙げられる。

表2　沖縄島の琉球石灰岩段丘面と埋没土の鉱物組成

試料番号	シルト部分の1次鉱物			粘土部分の2次鉱物				
	Qz	Ca	Fd	Sm	Vt-Ch	Vt	It	Kt
Y-1N-1	★★★	−	＋	−	＋	＊	★★	★★
G-1G-1	★★★★★	＊	−	−	＊	＋	＊	＊
-2	★★★★★	−	＋	−	＊	＋	＊	＊
-3	★★★★★	−	−	−	＊	＋	＊	＊
T-1H-1	★★★★	＊＋	＋	−	＊	＊	＊＋	＊＋
-2	★★★★	＊＊	＋	−	＋	＊	＊＋	＊＋
-3	★★	＊＊＋	−	＊	＋	＊	＊＋	＊＋
T-2H-1	★★★★	＊＊＋	＋	＊	＋	＋	★★＋	＊＋
-2	★★★★	＋	＋	−	＋	＊	★★＋	＊＋
-3	★★★★	＊＋	＋	−	＋	＊	＊＋	＊＋

※＊：＋＋　　　　　　　　　　　　　　　　　　　　　　　（渡嘉敷ら、1991）
1次鉱物：Ca：方解石、Fd：長石、Qz：石英
2次鉱物：It：イライト、Kt：カオリナイト、Sm：スメクタイト、
　　　　　Vt：バーミキュライト、Vt-Ch：バーミキュライトークロライト中間種鉱物
（試料番号は図2の試料番号と同じ。）

5、「島尻マージ」と「マンガンノジュール」

「島尻マージ」の表層土では、ヤギまたはウサギの糞塊に類似した黒褐色の「マンガンノジュール」が散らばって存在し、降雨後には目立って観察される（写真2）。本土壌と客土された本土壌を除き散見された報告は見当たらず、琉球石灰岩層上部に堆積する土壌分類の診断指標の一つでもあり（松坂ら、1971）、両者の因果関係が示唆される。「マンガンノジュール」の断面形状は樹木の年輪に似た同心円状の薄層構造を示して、中心部から外側に成長したことが考えられる。また、那覇石灰岩層上部に堆積した「島尻マージ」地域から直径2.0 cmの「マンガンノジュール」が採集され、その成長速度（61±9）mm/10^6年に基づいて「マンガンノジュール」

第3章　宮古の土壌、「島尻マージ」の生成環境

写真2　島尻マージに散在するマンガンノジュールと琉球石灰岩礫

が（16±2）×10^4年で成長したことが導かれ、那覇石灰岩層の形成された時代の上限が予想されている（Tairaら、1979）。

　ところで、「マンガンノジュール」の粉末試料から粘土画分を採取し、選択溶解処理法を併用して同定した鉱物組成（表3）では、マンガン鉱物（写真3）としてバーネサイトやリソホライトやトドロカイトが、鉄鉱物（写真4）としてゲータイトやヘマタイトが、アルミニウム鉱物（写真4）としてギブサイトが認められる。それらに随伴して、層状珪酸塩鉱物のイライト、カオリナイトおよびバーミキュライト-クロライト中間種鉱物の存在が認められる（Tokashikiら、1986、2003a、2003b；Bakkerら、2002、2003、2005；Vidhanaら、2004）。これらの層状珪酸塩鉱物の組成は「島尻マージ」の主要な粘土鉱物組成であり、その特徴からも両者の生成過程における因果関係が示唆される。

表3　マンガンノジュールと島尻マージにおける粘土鉱物組成

ノジュールと その産出土壌	層状珪酸塩鉱物	Mn-鉱物	Fe-鉱物	Al-鉱物
ノジュール(8)	It, Kt, Vt-Ch	Bs, Lp	Ge	Gb
土壌(8)	It, Kt, Vt-Ch		Ge	Gb
ノジュール(3)	It, Kt,	Lp>>BS	Ge	Gb
土壌(3)	It, Kt,		Ge	Gb
ノジュール(1)	Sm, It, Kt > Vt-Ch		Ge	Gb
土壌(1)	Sm, It, Kt > Vt-Ch		Ge	Gb

（　）の数字は、試料の採取地点数　　　　　　　［日本ペトロジー学会（編）、2007］
Bs：バーネサイト　Gb：ギブサイト　Ge：ゲータイト
It：イライト　Kt：カオリナイト　Vt-Ch：バーミキュライト-クロライト中間種鉱物
Sm：スメクタイト　Lp：リソホライト

　また、12カ所の違う場所で採集した「マンガンノジュール」の元素組成では、「島尻マージ」の元素組成に対してマンガン（Mn）が100倍以上、バリウム（Ba）が10倍以上の他、カルシウム（Ca）、リン（P）、ニッケル（Ni）、亜鉛（Zn）、銅（Cu）および鉄（Fe）がいずれも数倍以上の濃度で濃縮され（表4）、アルミニウム（Al）、マグネシウム（Mg）およびカリウム（K）は「島尻マージ」にやや高い濃度で濃縮される傾向が認められた（阿部・福士、1973；Kaneshimaら、1973；Tairaら、1981；Bakkerら、2005；Tokashikiら、1986）（表4）。そして、「マンガンノジュール」と「島尻マージ」の元素組成中のマンガン（Mn）と鉄（Fe）の含有量比(Mn／Fe)では、表4で「マンガンノジュール」のMn／Feの値が1.2であるように前者（Mn）が多い場合も示したが、概しては後者（Fe）が多い傾向を示した（表4の「マンガンノジュール」ではMn／Feの平均値が0.9であること、「島尻マージ」ではこの値が1よりもかなり小さな値（平均値で0.016）であることから言える）。また、「マンガンノジュール」中のマンガン元素と鉄元素の含有量では、両元素がいずれも産出土壌の「島尻マージ」から供給された含有量とすると、産出土壌の含有量に比較してマンガンでは約130〜340倍

第3章 宮古の土壌、「島尻マージ」の生成環境

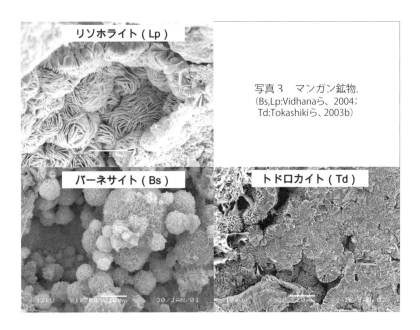

写真3 マンガン鉱物.
(Bs,Lp:Vidhanaら、2004；
Td:Tokashikiら、2003b)

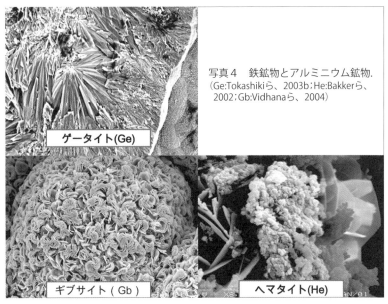

写真4 鉄鉱物とアルミニウム鉱物.
(Ge:Tokashikiら、2003b；He:Bakkerら、2002；Gb:Vidhanaら、2004)

表4 マンガンノジュールと島尻マージにおける元素含有量と濃縮率

元素	Al	Ba	Ca	Cu	Fe	K	Mg	Mn	Na	Ni	P	Zn	Mn/Fe
ノジュール(μg/g)													
最高値	106,000	6,900	11,700	240	179,000	13,800	8,000	180,000	2,200	300	4,500	360	1.2
最低値	40,000	500	300	30	103,000	6,400	1,900	-	500	20	700	606	0.0
平均値	78,000	3,700	2,400	120	144,000	9,500	3,500	129,000	1,100	140	1,600	180	0.9
土壌(μg/g)													
最高値	143,000	410	5,100	60	93,000	19,000	5,600	3,000	2,400	80	2,700	140	0.0
最低値	65,000	240	300	20	41,000	8,000	2,900	500	600	30	100	70	0.0
平均値	104,000	310	1,600	40	73,000	14,000	4,600	1,200	1,200	60	1,200	120	0.0
ノジュール/土壌(濃縮率)													
最高値	1.2	20.3	2.3	5.5	3.9	1.0	1.4	344.0	1.9	4.0	10.0	3.0	-
最低値	0.4	1.8	0.8	1.5	1.5	0.5	0.4	-	0.6	0.8	0.8	0.5	-
平均値	0.8	11.3	1.4	2.9	2.1	0.7	0.8	133.0	1.1	2.4	2.2	1.6	-

[日本ペトロジー学会(編)、2007]

の高い割合、鉄では約2〜4倍の低い割合の異なる濃縮度合いが認められる（表4）。即ち、両元素間の濃縮度合いの違いには数100倍以上も異なる特徴的な差異が認められる。これらのことから、特にマンガン元素に加えてバリウム元素の供給源の場所も含めて、「マンガンノジュール」の生成・発達した場所（陸地上または海底中）については、不明瞭な関心事のままで残されている。

　なお、「マンガンノジュール」の粉末は沖縄方言で"コーイル"と呼称され、壺屋焼き陶器の天然釉薬（うわぐすり、飴・黒色）として利用もされている。

6、「島尻マージ」と「マンガンノジュール」の生成環境

　「島尻マージ」と「マンガンノジュール」両者の粘土画分（表3）では、主要な層状ケイ酸塩の鉱物組成が類似することに加えて、「ジャーガル」や泥岩に含まれる主要粘土鉱物のスメクタイトの随伴も認められることから、生成過程では周辺土砂由来の環境下の影響が示唆される。また、琉球

石灰岩層の間に挟雑された埋没土（写真1）に泥岩の影響を示唆するスメクタイトの随伴も認められ（渡嘉敷ら、1991）、地殻変動（うるま変動）による隆起と陥没の影響を繰り返し受けた生成環境および過程を推察することができる。

また、「マンガンノジュール」に濃縮されたマンガンとバリウムの両元素は、「島尻マージ」および琉球石灰岩には含有量が少なく、海水および海底堆積物に由来する供給源が考えられる。西田・佐々木（1983）は琉球石灰岩と「島尻マージ」および「マンガンノジュール」におけるチタン、マンガンおよび鉄、その他の元素組成を調べ、前者の二つ（琉球石灰岩と「島尻マージ」）には「マンガンノジュール」の形成に必要なマンガン含有量が著しく少なく、海水からの供給源を考えざるを得ないと述べている。他方のバリウム元素の供給源としては、硫酸塩の重晶石や炭酸塩の毒重石等が自然界で存在することが知られており、それらが海底中に流入あるいは生成した海底堆積物からの取り込みなどが考えられる。

一方、「マンガンノジュール」の産出状態は「島尻マージ」の表層土に散在して、またはその下層土のある程度の深さで層状に埋没して存在する（Bakkerら、2003、2005）と共に、琉球石灰岩層やその岩石破片に付着しても存在する（写真5）。「マンガンノジュール」が琉球石灰岩層に多数付着した産出形態については大城・野原（1976）、大城（1977）および野原・大城（1978、1979）の報告でも確認することができる。

上述の多数の知見から、「島尻マージ」の母岩・母材、および同土壌中に産出する「マンガンノジュール」は、隆起と陥没が繰り返された地殻変動（うるま変動）の影響下の過程で、陸地上または海底中の両環境の影響を交互に受けながら生成・発達したことが推察される。即ち、両者は造礁サンゴの生育できる海底中の環境条件下で、溶存するマンガンや鉄に関わる酸化・還元菌類の働きによって、海底中や海底堆積物中に由来する各種の元素類や粘土鉱物類等を取り込み、造礁サンゴ石灰岩中あるいは造礁サンゴ石灰岩の表面付近で「マンガンノジュール」の初生の"核"が誕生したに違いない。その"核"が次第に粒子状に肥大しながらあたかも真珠の

形成過程に類似して発達・生成し、地殻変動による陸地の海進（陥没）や海退（隆起）の環境変化の影響を繰り返し受けたことが考えられる。そして、陸地上に露出した際の琉球石灰岩や風化堆積物由来の土壌と「マンガンノジュール」は、幾重もの風化・土壌生成作用を受けながら数十万年の時間経過を経て、溶解・消滅した琉球石灰岩も含め、現在の「島尻マージ」と共に「マンガンノジュール」が生成・発達して、堆積・分布していると考えられる。

7、おわりに

　宮古に分布する暗赤色土の「島尻マージ」とその土壌に産出する黒褐色の「マンガンノジュール」に関する特徴や知見に基づいて両者の生成環境を推察し、興味深い両者の不明瞭な事象の生成過程について私見を述べ

写真5　琉球石灰岩に付着して産出したマンガンノジュール

第3章 宮古の土壌、「島尻マージ」の生成環境

た。

「島尻マージ」は琉球石灰岩のみの母岩・母材に限定されず、地殻変動（うるま変動）による陸地の海進（陥没）と海退（隆起）の影響を繰り返し受けながら、その土壌や周辺土砂の風化物等が流入・混合した母材からの生成物で、他方の「マンガンノジュール」も同様に、海底中と陸地上の両環境下の影響を繰り返し受けながら、海中・陸上の双方で生成・発達した粒状物として考えるのが妥当と思われる。

参考文献

阿部和雄・福士定雄（1973）：沖縄離島の農耕地の土壌調査と分類、農技研報、B24、367～424.

安西徹郎（2001）：土壌生成、犬伏和之・安西徹郎（編）、土壌学概論、pp.69～82、朝倉書店、東京都.

Bakker,A.P., Tokashiki,Y. and Vidhana Arachchi,L.P.(2002): Characterization and micromorphological observations of Fe/Mn and silicate minerals in Okinawan and Brazilian soils. Clay Science, 12, 49～61.

Bakker,A.P., Tokashiki,Y. and Vidhana Arachchi,L.P.(2003): Mineralogy of Okinawan terrestrial Fe/Mn nodules and their surrounding soils. Clay Science, 12, 121～130.

Bakker,A.P., Tokashiki,Y. and Vidhana Arachchi,L.P. and Kitou, M.(2005): Characterization of clay minerals and elemental compositions between Fe/Mn nodules and their surrounding soils distributed in Okinawa, Japan. ペドロジスト, 49, 22～32.

井上克弘・溝田智俊（1988）：黒ボク土および石灰岩・玄武岩台地上の赤黄色土の2:1型鉱物と微細石英の風成塵起源、粘土科学、28、30～47.

兼島　清（1965）：琉球諸島に産する各種石灰岩の比較、琉球大学文理学部紀要、8、23～54.

Kaneshima,K., Taira,H., Tokuyama,A. and Oomori,T.(1973): The study on the Ryukyu limestone and associated materials, Bull.Sci. and Eng. Div. Univ. of the Ryukyus, Math. and Nat. Sci., 16, 134～161.

河名俊男（1988）：琉球列島の地形、pp.69～82、pp.117～120、新星図書、那覇市.

海洋博覧会記念公園管理財団（編）（2011）：「沖縄の植栽土壌」、pp.1～203、(財)海洋博覧会記念公園管理財団、本部町.

前門　晃（1990）：琉球石灰岩の地形学、琉球大学公開講座委員会（編）、沖縄の自然−地形と地質、pp.107～117、琉球大学公開講座委員会、西原町.

松坂泰明・音羽道三・山田　裕・浜崎忠雄（1971）：沖縄本島・久米島の土壌の分類について、農技研報、B22、305～404.

永塚鎮男（1985）：土壌の生成と分布、熱帯農研集報、51、14～21.

永塚鎮男（2007）：土壌よもやまばなし①−ジャーガルの語源を探る−、沖縄農業、40 (1)、77～81.

65

熱帯農業研究センター（編）（1985）：熱帯農研集報、51、pp.1～151、農水省熱帯農業研究センター、茨城県.

日本土壌肥料学会九州支部（編）（2004）：「九州・沖縄の農業と土壌肥料」、pp.13～16、pp.24～28、pp.55～58、pp.76～79、pp.120～126、pp.181～184、pp.200～202、pp.269～270、日本土壌肥料学会九州支部、福岡市.

日本農書全集（1983）：第34巻、pp.219～237、農文協、東京都.

日本ペドロジー学会（編）（2007）：沖縄・小笠原の土壌、「土壌を愛し、土壌を守る」、pp.305～326、博友社、東京都.

西田史朗・佐々木かや（1983）：沖縄産マンガンノジュールの特性と成因、海洋科学、15、405～408.

野原昌人・大城逸朗（1978）：陸成マンガンノジュール―その形状・鉱物学的・地球化学的特徴―、沖縄県立博物館紀要、4、17～30.

野原昌人・大城逸朗（1979）：琉球列島に産するマンガンノジュールの化学組成、沖縄県立博物館紀要、5、1～16.

大城逸朗・野原昌人（1976）：琉球列島の表層土壌に含まれるマンガン塊、地質ニュース、260、16～23.

大城逸朗（1977）：陸成マンガンノジュールの一産出形態、琉球列島の地質学研究、2、133～134.

大屋一弘（1973）：沖縄の土壌区分面積、沖縄農業、11（1・2）、49～53.

Taira,H., Kitano,Y. and Kaneshima,K.(1979): Growth rate of terrestrial ferro-manganese nodules formed in the limestone area of Ryukyu Islands, Geochem. J., 13, 301～315.

Taira,H., Kitano,Y. and Kaneshima,K.(1981): Terrestrial ferro-manganese nodules formed in limestone areas of the Ryukyus Islands, Part 1, Major and minor constituents of terrestrial ferro-manganese nodules, Geochem. J., 15, 69～80.

Tokashiki,Y., Dixon,J.B. and Golden,D.C.(1986): Manganese oxide analysis in soils combined by X-ray diffraction and selective dissolution methods, Soil Sci. Soc. Am. J., 50, 1079～1084.

渡嘉敷義浩・志茂守孝・山田隆弘・山田一郎（1991）：沖縄本島の低～中位段丘面を形成する琉球石灰岩層中の埋没土の特徴、ペドロジスト、35、88～103.

渡嘉敷義浩（1993）：沖縄に分布する島尻マージおよびジャーガルの土壌特性、ペドロジスト、37（2）、99～112.

渡嘉敷義浩（2015）：土壌、沖縄県教育庁文化財課史料編集班（編）、沖縄県史-各論編-第1巻-自然環境、pp.210～215、沖縄県教育委員会、南風原町.

Tokashiki, Y., Hentona,T., Shimo,M. and Vidhana Arachchi, L.P.(2003a): Improvement of the successive selective dissolution procedure for the separation of birnessite, lithiophorite and goethite in soil manganese nodules, Soil Sci. Soc. Am. J., 67, 837～843.

Tokashiki, Y., Vidhana Arachchi,L.P. and Bakker,A.P.(2003b): Application of the successive selective dissolution procedure to distinguish todorokite from other minerals and their morphological observations, Clay Science, 12, 109～119.

渡久山　章（1984）：石灰岩の島、木崎甲子郎・目崎茂和（編）、琉球の風水土、pp.99～100、

築地書館、東京都.

氏家　宏（1990a）：造礁サンゴの成育条件、琉球大学公開講座委員会（編）、沖縄の自然 – 地形と地質、pp.25～26、琉球大学公開講座委員会、西原町.

氏家　宏（1990b）：島尻層群の地質学、琉球大学公開講座委員会（編）、沖縄の自然 – 地形と地質、pp.119～127、琉球大学公開講座委員会、西原町.

Vidhana Arachchi,L.P., Tokashiki,Y. and Baba,S.(2004): Mineralogical characteristics and micromorphological observation of brittle/soft Fe/Mn concretions from Okinawan soils, Clays and Clay Minerals, 52, 462～472.

山田　裕・本村　悟・松坂泰明・加藤好武（1973）：石垣島、宮古島および与那国島の農耕地の土壌調査と分類、農技研報、B24、265～365.

第4章 サンゴ礁と共に生きる知恵
～素潜り漁師の民俗知識と漁撈活動～

高橋 そよ（琉球大学 リサーチ・アドミニストレーター）

**たかはし
高橋 そよ**

1976.4.16 北海道生まれ。京都大学大学院人間・環境学研究科博士後期課程修了、博士（人間・環境学）。専門分野：生態人類学。現在は沖縄各地で人と自然との関わりをめぐる自然誌の記録に取り組んでいる。「魚名からみる自然認識：沖縄・伊良部島の素潜り漁師の事例から」ほか。

1 はじめに～「他者」に出会う～

 沖縄島から約330キロ南西に位置する宮古諸島のひとつ、伊良部島に通い始めて20年が経つ。きっかけは、北海道から沖縄の大学に進学し、学部2年の夏（1996年）に参加した「人類学実習」でのことだ。この実習は、人類学を専攻する2～3年生の必須科目で、地域に泊まり込み、各々の研究テーマに沿って、島の人びとへのインタビューや参与観察を通してフィールドワークの基礎を学ぶものである。私は港の向かいに建つ共同かつお節工場から沸き立つカツオの燻された匂いに導かれ、「かつお節の生産と流通」を研究テーマに選んだ。毎朝、長靴を履いて宿から工場へ通い、島の女性たちと一緒に、血まみれになりながらお腹を裂いたカツオから卵巣と精巣をもぎ取ったり、毛抜きを大きくしたような道具で、茹でられたカツオの骨を1本、1本丁寧に抜き取るなどの手伝いをしながら、島に水揚げされたカツオがかつお節に加工されるまでの生産方法と流通を記録した（髙橋 2004）。

 1週間が過ぎた頃だろうか。その日、私は実習の食事当番として宿泊先の調理場で、冷やしそうめんの準備をしていた。20人分のそうめんの束の赤い紐を、いくつもいくつも解きながら、時々、窓の外に広がる夏の陽射しに照り返し、蒼色の濃淡が幾重にも重なる海を眺めていた。見慣れた漁港

を見下ろすと、漁協のクレーンに黒く光る塊がぶら下がっていることに気がついた。あれは何だろう？と思った次の瞬間には、私は一眼レフカメラとノートを持って、仲間の昼食作りを投げ出し、港へと駆け出していた。

　黒い塊は、体長4メートル以上もあるカジキだった。間近にカジキを眺めるのは初めてだった。その大きさに驚くと同時に、水を弾き、輝く胴体の流線型の美しさに感動し、また、その先に伸びる上顎の刃物のように磨かれた鋭さに驚いた。このような巨大な生き物と、60歳を過ぎた漁師が1トンにも満たない小舟で対峙し、たった5センチほどの釣り針を使い、半日以上もかけて一人で格闘した末に釣り上げて島に帰ってきたのだという。さらに驚いたことには、私がその漁師に、その時の状況を興奮してインタビューをしている数分の間に、カジキはみる姿もなく、買い取った仲買いによって商品としてブロック状に解体されてしまったのだ。クレーンの下には、背骨だけになったカジキが転がっていた。

写真1　水揚げされる魚を品定めする小売人（伊良部島 2005年）

水揚げのざわめきが落ち着いた港では、仲買いが買い取った魚を氷の張ったコンテナに詰め、小売やさしみ屋の女性たちは入港してきた船に身を乗り出して、水揚げされる魚を見定め、漁師たちは1日使った漁具やロープを束ねるなど明日の漁に備えていた。そうだ、これは、彼らにとって日常の風景なのだ。いったい、この人たちは何者なのだろう。どうしたら、このような巨大な魚をたった5センチの釣り針で捕獲することができるのだろう。どのように、この島の人びとは海と向かい、生きてきたのだろう。海と共に生きる島の暮らしから、人と自然との関係性について考えたい。この時の「他者」との出会いという衝撃が、私を人類学という学問の深みに導いた（高橋 2018）。

2　「フィールドワーク」という手法

　人類学では、他者（異文化）の理解を通して、自己（自文化）とは何か、人間とは何かを理解することを目指す。「人と自然との関わり」という視点から人類学を学びたいと決意した私は、京都大学大学院人間・環境学研究科へ進学し、「生態人類学」の手法を学んだ。現在では学問分野の細分化が進み、人類学と一口にいっても、文化人類学、医療人類学、映像人類学など、研究対象やその手法は多岐におよぶ。そのなかでも、生態人類学は、人と自然との関わりをできる限り総体的に捉え、精密に記述することで、「人間とは何か」という問いへ迫ろうとしてきた（秋道 1995、山田 2012ほか）。このため、自然と共に生きる人びとの暮らしに寄り添い、生活の全体像を観察するフィールドワーク（参与観察）が何よりも調査の基本姿勢となる。フィールドワークを始めた大学院生の頃、何をどのように調査したらよいのか勝手がわからなかった私は、とにかく動くものは全て数えることを指導された。たとえば、入港の時間が重なると、次々と水揚げされる魚の種類や重さ、帰港する船の時刻、誰がどの仲買からどんな魚をどのくらい購入するのかなど、水揚げと魚販売に関するモノと人の動き、社会関係をつぶさにフィールドノートに記録した。狭い水揚げ場に一度に複数のサバニが入港するときは、集中力をフル回転させて、その魚と人の関係性を

総体的に観察しなければならない。このため、観察対象から目を離すことなく、ノートにメモを書き込むという「技」をこの頃に習得した。

　私は、大学院進学以降、素潜り漁を営む漁師の家にお世話になりながら、2000年から2016年にかけて、通算15回、合計約1年9ヶ月のフィールドワーク調査をおこなってきた。また、特に戦後の島の暮らしについて当時の状況を理解するため、沖縄県立公文書館や県庁を中心に、文献資料の収集をおこなうなど、参与観察と文献研究を行き来する調査を続けてきた。

　沖縄でのフィールドワークを始める際、北海道生まれというコミュニティの外部者であることを自覚し、自分自身の研究のためだけではなく、調査中にお世話になった島の人びとにも何らかの恩返しができるよう、人と人との信頼関係を築くことを心がけてきた。しかし、どんな言葉でも、私が島の方々にお世話になったことを言い尽くすことはできない。かつお節工場を手伝っている時に飛び散ったカツオの血でただれた足を心配して、日の暮れた坂道を歩いて塗り薬を届けてくれたおばあさん、雨の軒下で破れた漁網を縫い直しながら、戦後、島を渡って海人草を取りに行ったことを語ってくれたおじいさん、そして「トゥガラヤー（屋号）の次女」とよび、私を娘のように大切に受け入れてくださった弟子入り先の素潜り漁師のご家族。その頃の私ができたことといえば、一緒にご飯を作ったり、夕暮れ時のお散歩や軒先でのおしゃべりなど些細なことしかない。だからこそ、私はたくさんの方にお世話になりながら学んだ海と共に生きる知恵について、まとめ、記録し、これからも島と関わり続けることで恩返しをしたいと考えている。

　本稿では、これまでおこなってきた伊良部島のサンゴ礁を生業の場とする素潜り漁師に関する研究から、漁撈活動とそれを支える民俗知識のあり方について紹介したい。

3　素潜り漁師に弟子入りする　〜サンゴ礁を生業の場とする人びと〜

　まずはじめに、伊良部島の自然環境について紹介しておこう。伊良部島は、琉球石灰岩からなる隆起サンゴ礁の島で、島の北側には裾礁が発達

している。この石灰岩は、水をよく通す性質があり、降った雨の多くは地表を流れずに、地下へ浸透する。そのため、海岸線には、ろ過された地下水が湧き出る場所が点在しており、古くから人びとの生活用水として利用されてきた。伊良部島北部の急崖を下っていくと、サバオキガーとよばれる井戸があるが、1966年に簡易水道が施工されるまで、この崖下の井戸から地下水を汲み上げるのは子供たちの日課であった。

　伊良部島の北東部には、約10km四方にわたって、100を超える大小さまざまなサンゴ礁が点在している。このサンゴ礁群は、地元の人びとから「八重干瀬(やびじ)」とよばれ、宮古の海の豊饒(ほうじょう)の象徴として親しまれてきた。日本最大の卓状サンゴ礁群(台礁群)である八重干瀬は、2013年に史跡名勝天然記念物に指定された。

　私が研究対象とした素潜り漁師は、伊良部島や宮古島、多良間島といった島周囲の裾礁だけではなく、いくつもの離礁が点在する八重干瀬など、宮古諸島一帯のサンゴ礁を利用してきた。

図1　調査地域（伊良部島佐良浜集落）

第4章 サンゴ礁と共に生きる知恵

3－1　漁法と対象魚種

　佐良浜集落には、西の浜（イー・ジャトゥ・ヌ・ハマ）と東の浜（アガイ・ジャトゥ・ヌ・ハマ）とよばれる船着場と小型船舶やカツオ船が停泊する船着場がある。周囲には、1970年年代後半に沖縄県農林水産漁業構造改善緊急対策事業の一環として建てられた製氷冷蔵施設や共同処理加工場施設などが整備されている。

　2000年調査当時、佐良浜でおこなわれていた漁法は、網漁が7種、釣り漁が4種、モリツキ漁が2種、採集が1種、養殖が1種の合計15種であった（表1）。潜水による漁法は、サンゴ礁に生息する生物を対象としたモリツキ漁や採集、追い込みによる網漁からなる。これらの漁法には素潜

表1　漁法の種類（2000年調査当時）

漁の種類	漁法の名称	備考
モリツキ漁	ハダカモグリ	素潜り漁
	ダイバー	スキューバーの技術を使用
採集	モグリ採集	貝類やナマコなどを採集
網漁	アギヤー	最も規模の大きい追い込み漁。2002年調査当時は、22人から構成され、5隻の船で船団を組んでいた。
	ツナカキヤー	中規模な追い込み漁。
	ウーギャン	小規模な追い込み漁。
	エサトリ	カツオ一本釣り漁などの撒き餌となる活餌漁
	アオッキャトイ	アオリイカの未成体を対象とした袖網のみを使う追い込み漁
	マチャン	定置網漁
	ウチャン	投網
釣り漁	カツオ一本釣り漁	カツオ船による一本釣り漁
	パヤオ漁	人工魚礁を利用した曳き縄漁など
	ソデイカ漁	はえ縄漁
	マキオトシ	一本釣り漁
養殖	モズク	モズク養殖

漁法		島	サンゴ礁						外洋域
		防波堤沿い	礁湖	礁原	礁縁 (縁脚)	礁縁 (縁溝)	礁斜面	曽根	
モリツキ漁	ハダカモグリ								
	ダイバー								
採集（潜水）	ダイバー								
網漁	アギヤー								
	ツナカキヤー								
	ウーギャン								
	エサトリ（活餌漁）								
	アオッキャトイ								
	マチャン（定置網）								
	ウチャン（投網）								
釣り漁	カツオ一本釣り漁								
	パヤオ漁								
	ソデイカ漁								
	マキオトシ								
養殖	モズク								

図2　漁法とサンゴ礁地形の利用

りとスキューバーダイビングの技術を利用したふたつの形態がある。これらの漁法とサンゴ礁地形の関係は図2で示すとおり、佐良浜でおこなわれている15種類の漁法のうち、11種類がサンゴ礁を漁場としており、その漁法ごとに漁場として利用する微地形が異なる。このように佐良浜集落においては、サンゴ礁は重要な漁撈空間であるといえるだろう。

佐良浜では、潜水による漁法のことをマドマーイとよぶ。これは、スキューバーの技術が導入される以前、船上から底がガラスになった箱メガネで水面下の様子を覗き込み、漁をおこなっていたことに由来する。この箱は、マドとよばれていた。潜水による漁法を営む漁師は、マドを覗きながら魚のいるサンゴ礁をまわっていたことから、マドマーイとよばれている。現在では、スーニガマとよばれる3トン未満の動力船に、船主と船主に雇用された複数の漁師が乗り込み、漁をおこなっている。

別稿でマドマーイの漁師たちが複数の漁法を組み合わせて、1日の活動をおこなっていること、また、その漁撈形態の違いが漁獲物に反映されていることを明らかにした（高橋 2014）。さらに、その漁獲物に着目すると、伊良部島の潜水による漁法を組み合わせる漁撈活動では、商品価値の高い魚に集中するのではなく、多種多様な海洋生物が漁獲されていることがわかった（表2）。コウイカやミヤコテングハギなど、多くの集団が捕獲対象とする種類がある一方、漁撈集団ごとに捕獲するターゲットが異な

第4章　サンゴ礁と共に生きる知恵

表2　漁撈集団と漁獲した海洋生物（2002年10月27日〜11月28日）

漁獲物	科名	和名	素潜り漁撈集団		スキューバーを利用する漁撈集団				
			A	B	A	B	C	D	F
魚類	ウツボ科	ウツボ			○	○	○	○	○
	サヨリ科	サヨリ	○						
	ヒメジ科	コバンヒメジ	○						○
		アカヒメジ			○				
	スズメダイ科	ロクセンスズメダイ							○
		アマミスズメダイ	○		○				
		ナミスズメダイ	○		○				
	ベラ科	シロクラベラ							○
	フエフキダイ科	ホオアカクチビ							○
		ヨコシマクロダイ							○
		ノコギリダイ	○		○				
		ハマフエフキ						○	○
		イソフエフキ							○
	アジ科	ツムブリ							○
		ロウニンアジ	○		○			○	○
	サバ科	イソマグロ						○	
	ブダイ科	ハゲブダイ(オス)			○	○			
		ハゲブダイ(メス)	○						○
		イチモンジブダイ(オス)				○	○		
		イチモンジブダイ(メス)					○		
		ナンヨウブダイ			○	○		○	
		イロブダイ(メス)	○						
		シロオビブダイ	○						
		キツネブダイ(オス)							○
	ニザダイ科	テングハギ	○						○
		ゴマハギ	○						
		ミヤコテングハギ	○		○	○	○		○
		サザナミハギ	○						○
		クロハギ						○	
		クログチニザ							○
	アイゴ科	ハナアイゴ	○				○		○
	ハリセンボン科	ヒトヅラハリセンボン	○		○	○	○		
	ハタ科	アオノメハタ			○	○	○	○	
		スジアラ			○	○	○		
		コクハンアラ			○	○	○		
	イサキ科	ムスジコショウダイ						○	
貝類	ニシキガイ科	サラサバティ		○		○	○		
	シャコガイ科	ヒメジャコ				○	○		
	サザエ科	ヤコウガイ		○			○		
甲殻類	(イセエビ科)	未同定						○	
頭足類	マダコ科	ワモンダコ	○				○		○
	ヤリイカ科	アオリイカ (幼体)	○						
	コウイカ科	コブシメ	○		○	○	○		
		合計種数	18	2	15	12	14	12	22

出典　伊良部漁業協同組合市場日報ならびに参与観察より作成

る。実際、すべての集団によって捕獲された海洋生物はなかったが、全体の約70％を占める30種が1集団あるいは2集団のみに漁獲されていた。佐良浜のサンゴ礁地形を利用する漁撈活動では、集団ごとに組み合わせる漁法が異なり、対象となる魚種に重なりが少ないことが特徴だといえるだろう。

3－2　漁撈活動を支える民俗知識

　私は漁獲される魚種の多さ、そして、漁撈集団ごとに漁法の組み合わせが異なり、対象とする魚種、つまり「商品」の重なりが少ないことに関心を持った。いいかえれば、ほかの漁撈集団と異なるものを捕獲し、ある特定の水産資源に漁獲が集中せず、分散されている状況が生み出されている。このような柔軟な生存戦略は、何によって支えられているのだろうか。本節では、そのひとつである素潜り漁師たちが育んできた民俗知識とその運用について紹介したい[注1]。

　人びとが自然との関わりの中で共有してきた固有の知識とその実践を、人類学ではエスノ・サイエンスとよぶ。1970年代後半に沖縄の久高島の漁撈活動について調査をおこなった寺嶋によれば、エスノ・サイエンスは「日々、自然と密接に接触しながら観察と試行を繰り返し、相互に情報交換をおこない、よりよき実践と価値を求めて生きていく人びとの暮らしの中にある。文化の中に埋め込まれた、そういった経験の束そのものがエスノ・サイエンスなのである」と述べている（寺嶋2002）。私は漁撈活動を人びとが自然と向き合いながら実践されるひとつの営みとして捉え、風や波、サンゴ礁微地形、底質、漁獲対象とする生きものをどのように認識しているのか、雨降りで漁に行けない日など網を修理する漁師たちの傍らに座り、聞き取り調査をおこなった（高橋2004、2016）。

　佐良浜での魚の呼び名（以下、方名とよぶ）については、魚カードを用いた聞き取り調査をおこない、251種の魚類に対応する190個の方名を採集

注1：資源の利用を考える際、経済活動との関係性は重要である。佐良浜ではセリではなく、ウキジュと呼ばれる漁師と仲買いの相対関係によって魚は取引される。ウキジュ関係については、別稿にて報告したので参照されたい（高橋2005）。

した。その名付けられ方を分析したところ、素潜り漁師はその鋭い観察眼をもとにサンゴ礁に生息する多様な魚種を細やかに識別していることがみえてきた（高橋 2014、附表）。佐良浜漁師の魚をめぐる自然認識のあり方は、その色彩や模様、形態、生態的特徴などの特徴からひとつの集合としてとらえながらも、一方で、その魚の個別性に鋭く着眼している。そこには、人間の魚に対する親密さやまなざしの深さが反映されているだけではなく、サンゴ礁が育む生物多様性に対する人びとの生業の多様性が、自然認識の多様さを育んできたといえるだろう。本稿では、このような自然認識の豊かさに着目し、漁撈活動において重要な条件となる季節を告げる風をどのように認識しているのか、その一端について紹介しよう。

　潮汐現象や魚の生態など様々な自然条件のなか、風も、漁師が重視する自然現象のひとつである。漁師は、風からさまざまな情報をよみとる。たとえば、突風が吹く季節には、その危険を回避するために天気の変化に注意しなければならない。また、風によって、魚の漁期を知ることもできる。

　たとえば、旧暦12月と1月には、ヒツノカディとよばれる冷たい北風が恒常的に吹き、北向きの波浪が高くなる。このため、池間島の北側に位置する八重干瀬は風を遮るものがないため、好漁場ではあるが、この時期には危険なため漁場として利用しない。旧暦2月になると、ニガツマーイとよばれる突風が、北から吹き荒れることがあるという。この前後は天気が変わりやすく、アラ・ニガツマーイとアト・ニガツ・マーイと呼ばれ、北

表3　季節を告げる風と方名（佐良浜）

風の方名	旧暦	風の特徴
ヒツノカディ	12月～1月	北風
ニガツマーイ	2月	北風の突風
ビーズンヌカディ	3月～4月	春の穏やかな風
バオスウ	4月上旬～5月上旬	南風の突風
台風（カイシウツ）	8月～10月	台風の中心が過ぎた後の北風
タカノヤーブイカディ	9月	サシバが飛来する頃に吹く突風
シブクダル	9月～10月	台風のように強い突風
スサンツヌカディ	10月～11月	秋の穏やかな風

の空が曇り始めたらすぐに島に引き返したほうが良いといわれている。素潜り漁師によると、ニガツマーイが過ぎたかどうかは、モクマオウのミジュルとよばれる芽の向く方向やカニの巣穴の方向の変化から知ることができるという。

　旧暦3月から4月の間は、ビーズンとよばれるおだやかな季節となる。この頃の穏やかな風を、ビーズン・ヌ・カディとよぶ。一年で最も潮が引く旧暦3月3日の大潮はサニツとよばれ、この日は漁師も漁を休み、家族とともに潮干狩りに出かける。旧暦4月上旬から5月上旬の間はバォスゥ（芒種）とよばれる南からの突風が吹く季節となる。バォスゥの頃には、朝9時頃から午後3時頃まで風が吹くが、午後4時頃の夕刻になると無風状態になるという。風が不安定に吹くこの時期、漁師の間では、いつ突風が吹くか予測ができないため、南の漁場に行くのを避けた方がいいといわれている。旧暦5月1日前後になると、雷が頻繁に鳴るようになる。雷はシモフリアイゴの稚魚（スフ）を産み落とし、激しく鳴れば鳴るほどその年のスフ漁は大漁するといわれている。さらに、旧暦5月中旬頃になると、天候も落ち着き、風も無風に近く、晴天が続く。この頃から波浪も少なく、海は安定した状態になるため、一年のうちで最も漁がしやすい季節となる。

　旧暦8月下旬から10月までは、台風シーズンになる。宮古地方は「台風銀座」と呼ばれるほどに勢力の強い台風が頻繁に襲う。台風が近づくと南風は東よりの風に変わるため、漁師は台風が遠方で発生したばかりだとしても、その存在を知ることができるという。そして、台風の中心が過ぎると、風向きが変わるが、これをカイシウツという。

　旧暦9月になると、タカ科のサシバが島に飛来してくる。現在は天然記念物に指定されているため捕獲できないが、かつては空が真っ暗になるほどのサシバの大群が、来間島の方向から飛んできたという。サシバが飛来する時期になると、大人も子供もサシバ猟にでかけた。「海の幸はカメ、山の幸はサシバ」といわれるほど、その味は美味だという。サシバが次の中継地を目指して南下する頃に、タカノヤー・ブイ・カディ（タカの家・吹く・風）とよばれる風が吹くことがある。サシバを獲るために木の上に

つくられた、タカノヤーとよばれる小屋を吹き飛ばすほど強く、かつて、島の女性たちは、この残骸をかまどの燃料にするため、かき集めたという。

　旧暦9月や10月になると、シブクダルとよばれる台風のように強い突風が時々吹くことがある。だが、旧暦10月や11月になると、春のビーズンのようにおだやかな天候になる。このような安定した状態をスサンツといい、再び一年の中で重要な漁撈活動のシーズンとなる。この時期に吹く微風を、スサンツヌカディとよぶ。

　以上、自然に関する知識の事例として、風についてみてきた。佐良浜漁師の漁撈活動空間は島から離れているため、風の影響を直接的に受ける。風向によっては帰港が困難となるため、潮と波浪の関係に注意しなければならない。このため、島周囲の裾礁だけではなく、島から離れたサンゴ礁も漁場として利用してきた佐良浜漁師は、風の性質をよく観察し、知識を蓄積してきたといえるだろう。

3－3　漁撈活動の参与観察

　では、漁師たちはこのような自然に関する知識を使って、どのように漁撈活動をおこなっているのだろうか。私は八重干瀬などのサンゴ礁で素潜り漁を行う集団の船主にお願いをし、かれらの舟に乗って、どのようにかれら固有の知識を実践するのかを明らかにするため、漁撈活動の参与観察を行うことにした。

構成員と調査方法

　私が参与観察を始めた2000年当時、素潜り集団A組は、船主aと船主の弟b、船主の同級生cの3名によって構成されていた。aは、1938年生まれで、当時、62歳であった。祖父も父もモリツキ漁師であったため、物心ついた頃から弟bと一緒にモリを持って島周囲のサンゴ礁で漁をしていた。父親が厳しく、漁獲が少ないときには1日に何度も漁に連れて行かれることがあったという。厳しい父親のおかげで魚の習性や生息地に関す

る知識は豊富であると自負しており、同じ集落の漁師仲間からの評価も高い。aは、24歳で自分の船を持つまでは、モリツキ漁やアギヤーのナカデン組の勢子として漁に従事していた。船主の同級生cは、中学卒業と同時にアギヤー組に入った。フィリピン北東部に位置する東沙諸島への海人草取り、ソロモン諸島でのカツオ一本釣り漁などの遠洋漁業をそれぞれ1年間経験したことがある。遠洋カツオ一本釣り漁の配当金は大きいが、船の上での操業よりも、海に潜る島での漁撈活動が肌に合うという。aが船を持って以来、現在まで45年間一緒に漁をしてきた。

　素潜り集団A組の漁撈活動がどのようにおこなわれているのかについては、実際に舟に乗りながら参与観察してきた。2002年には、ウーギャンとアオリイカ漁の勢子として漁に参加する機会を6日間得た。

　調査は、参与観察による個体追跡の方法を応用した。個体追跡とは、個体識別した特定の個体を時間的、空間的に経過を追って記録する方法である（煎本1996）。具体的には、素潜り漁師の舟に同乗し、GPS（Global Positioning System：全地球測位システム）で移動した軌跡や潜水ポイントを記録しながら、同じ舟に乗る3人の漁師の誰が、どこで、何時何分に、どんなことをしたか、行動の記録をとった。たとえば、出港前にどのように風を測定するのか、どのように初めに向かう漁場や獲物を決めるのか、漁場となるサンゴ礁のどの微地形を利用するのか、そしてどのように網をはるのかといった一連の活動を参与観察した。このようにして得られた情報から、漁師から浜辺や自宅で漁に関する話を聞く中で得られた潮汐現象や風、魚の生態などの民俗知識を、どのように実践の場で運用しているのかを明らかにしていきたい。

　漁師たちは、まだ夜明け前の朝5時半ごろから、船着場に集まり始める。スーニガマとよばれる舟は、台車に乗せられて陸上にあげられている。船着場に着いた漁師たちは、1993年に国の整備事業の一環として建設されたシャワールーム付きの休憩場前のベンチに座りながら、前日の漁について話し合い、談話のひとときを過ごす。このとき、みな、空や対岸の宮古島を眺めている。夜明け前の空と海は漆黒で、その分かれ目がわから

ないほどである。だが、その暗さになれると、私にも、星明りに照らされた雲が、ゆっくりと形を変えていくのがわかるようになった。漁師たちは、空が明るくなるのを待ちながら、風や雲の流れ、雲が発生している方角をみて、その日の風の向きや強さを確認している。船着場は防波堤で囲まれているので、海の状態は確認できない。雲の流れや吹く風からだけでは出漁できるか判断できない場合は、防波堤に上ってリーフの外の状態をみる。

　こうして、船主は出漁できると判断すると、陸揚げされて台車に乗っている舟に上り、干していた網をたたみ、エンジンの調子を確認する。これが、出漁の合図となって、ほかの漁師たちはシャワールームでウェットスーツに着替え始める。そして、舟を海に下ろすため、台車止めをはずし、ワイヤーをゆるめる。舟を海に下ろすと、舟をささえていた台車を人力でひきあげなければならない。このとき、他の船の漁師も協力して、台車をつなぎとめている綱を一緒に引っ張ってひきあげる。その後、すべての乗組員が舟に乗ると、舵をとる船主は漁業協同組合事務所下の水揚げ場に舟をまわす。そして、製氷機から、冷蔵用の氷を舟につめる。そして、佐良浜港を出航するため、防波堤の外に舟を走らせる。このとき、舟の舳先(さき)に座っている漁師たちは、お神酒である泡盛を左右の舷側や網、モリなどにささげ、一日の航海安全を祈願する。防波堤を抜けると、舵を取る船主は風向きを再び確認する。そして、その日の潮流や風の向き、強さ、干満時刻などから、一番初めにまわる漁場をおおよそ決定する。このとき、他の漁師に尋ねることはほとんどなく、船主がひとりで判断する。こうして、一日の漁が始まる。

　それでは、素潜り漁A組の漁撈活動を再構成し、どのように漁撈活動が行われているのか、民俗知識の運用と実践の場について、具体的に検討していきたい。ここでは2001年7月16日の活動を示し、8月6日と8月26日の事例と比較する。漁場名は、bとcが潜水する度に、その漁場の地名を船上に残るaに聞き、メモをとった。aがソデ網を投入する時には一緒に潜り、漁撈やアオリイカの動き、その地点の海底構造について水中から観察した。

2001年7月16日（旧暦5月26日）

　この日、アオリイカを追い込み漁で獲ろうといくつかの漁場をまわったが、群れを見つけることができなかったため、途中からウーギャン（小さな追い込み漁）に切り替えた。朝の天候は快晴、風はほとんどない状態だった。この日の活動時間中の干潮は午前9時41分、満潮は14時49分だった。午前5時53分に出港し、その日一番初めの漁場となったフデ岩に着いたのは6時41分だった。

　フデ岩東側の外洋側礁斜面に舟を近づけると、bとcが海に飛び込んだ。aは、舟に残り、二人が泳ぐ様子をみながら舵を取りつづけた。bとcは、北西からの潮流に乗りながら潜水し、アオリイカの群れを探す。6時50分、水面下をみながら、cが右手をあげた。そして、水面を片手で水しぶきをあげながらたたき始めた。アオリイカをみつけたのだ。これを合図に、舟に残るaはエンジンをかけたまま、舳先に移動して錨をおろして舟を固定した。そして、舳先にソデ網の片方をくくりつけ、その反対側をつかんで海に潜った。その頃、bとcは水面をたたいて脅かしながら、個別に泳ぐアオリイカをまとめていた。そして、ソデ網をもったaは潮流の下手から泳ぎ、アオリイカの群れとb、cを囲うように、潮流の上手に泳ぎ始めた。そして、3人は並んで互いの距離を縮め、網の側面に向かってアオリイカを追い込んだ。アオリイカは、危険を感じると下降しない習性がある。このため、網の底をすくいあげるだけで、群れとなったアオリイカをとらえることができる。aはソデ網にくくりつけた紐で、アオリイカの群れを逃げないよう、すくった部分の網を縛った。そして、舟にもどったcが網を舟に引き寄せた。aは、そのまま艫（とも）に戻り、舵を取った。bも舟に乗ると、cは錨を上げた。そして、次の漁場へ移動した。群れの発見から、網を舟に引き上げるまでかかった時間は、わずか6分間であった。この漁場では、約5キログラムの水揚げがあった。

　そのまま、フデ岩の礁湖や縁溝へ移動するが、アオリイカはいない。さらに、潮流の下手になる、サンゴ礁の東側をbとcは横に並びながら、南から北へ泳ぐ。アガイッジとイッジとよばれる、このサンゴ礁は、東側の外洋側礁斜面がなだらかに傾斜している。このような地形に生息するアオ

第4章　サンゴ礁と共に生きる知恵

リイカは、群れずに個別に行動していることが多いという。aによると、アオリイカは、波やうねりの影響を避けるためにサンゴ礁の湾曲部や溝部分に群れる習性があるという。そして、bとcが横に並び、沿うように泳いでいるのは、個別に泳いでいるアオリイカは半透明で、一人ではみつけにくいからだという。7時47分、フデ岩最北の場所に潜水するが、群れをみつけることができなかったので、舟にあがった。そして、その3分後には八重干瀬方向へ移動する。このとき、舵を取るaはbとcに向かう漁場については一切相談をしなかった。

八重干瀬のなかでも南側に位置するキジャカの礁湖に着いたのは、8時13分だった。フデ岩から移動に23分間かかっている。潮が引き、ところどころサンゴが干出していた。キジャカの礁湖や外洋側礁斜面で、アオリイカの群れを探すため潜水するがみつけられなかった。その後、キジャカの周囲の小さいサンゴ礁であるビーバクとサグナナガビジに潜水した。南北に長いサグナナガビジ（ホラガイ・長い・瀬）とよばれるサンゴ礁では、bが飛び込んだ後、cは約200メートル離れて海に潜った。このサンゴ礁は、外洋側礁斜面が切り立つような地形をしている。アオリイカは、このよう

写真2　八重干瀬でアオリイカを追い込む（遠方に、大神島が見える）

な礁縁に群れると考えられている。二人が潜水したのは、サンゴ礁の礁縁の北端からcが南端からbが対面するように泳ぐためであった。
　8時45分、水深の深い、干潮時も干出しないイーニャアガイニャヌビジとよばれるサンゴ礁に潜った。このサンゴ礁は海底から切り立つような地形をしている。aは、この地形の特徴を「アラハもナガウもない」と説明した。このサンゴ礁は周囲が小さいため、bとcが二手に分かれて礁縁に沿ってアオリイカの群れを探した。船上に残るaは、私に潮の流れが北西から北東に変わりつつあると説明する。この後、3箇所のサンゴ礁を回るが漁獲はない。9時30分、ウルグシの北側の外洋側礁斜面に到着後、すぐに飛び込もうとしたbにむかって、aは「おいおい、おいおい」と声をかけて制した。海面の表層が細かく渦を巻いていた。このような状態は、海中の潮の流れが速いことをしめしている。泳ぐのが危険なため、漁場を変えることにした。ウルグシの北側の礁斜面から東側にまわりこみ、潜水した。9時40分、礁斜面が広く、ゆるやかに傾斜するンナヌヤー（サザエの住みか）と隣接するタナカヌシでは、続けて44分間潜水しながらアオリイカの群れを探した。9時59分、タナカヌシで、他の舟の素潜り漁師が手をふっているので舟を近づけた。サラサバティやヤコウガイを採集していたが、氷が溶けてしまったので少し分けてほしいとのことだ。cは、氷を袋いっぱいにつめて、この漁師に渡した。
　この後、ウーギャンを3回おこなった。これまで、アオリイカを漁獲できたのは1回のみだった。すでに干潮をむかえ、これからは潮が満ちる。満ち潮になると、礁縁に群集していたアオリイカがサンゴ礁から外洋へ個別に移動してしまうため、これまで以上に漁獲が難しくなる。このため、アオリイカを狙うのをやめて、ウーギャンに漁法を変えた。
　10時25分、ヒグマラヌタカウリとよばれる漁場の北側の礁原が割れて水路のようになっている場所とそこから傾斜する外洋側礁斜面の地形を利用して網を張った。潮の向きを尋ねると、aは「潮は止まったような状態だ」と説明した。潮汐表と照らすと、干潮から約44分が過ぎていた。そで網と袋網を海底に設置するまで45分かかった。袖網の両端に、白いビニール袋を約1メートル間隔にくくりつけたロープが結びつけられている。魚

が、この袋に咥えて礁縁へ移動するのである。潜水しながらこのロープの両端をaとcがひっぱり、礁原を囲いこんだ。三人は水深の浅い礁原側に一直線にならぶと、水面を片手で叩き、さらにもう片手ではナガイシとよばれる紐の先におもりのついた漁具を海底に当てて音を立てながら魚の群れを、縁溝と外洋との接点に設置した袋網へ追い込んだ。bはaと一緒に泳いでいたが、cが「ヤグミハシトゥイドー、アガイ、アガイ」（たくさん逃げていっているぞ、東だ、東）と叫ぶと、bはaとcがもつロープの輪の真中へ向かって泳いだ。11時10分、三人はいっせいに袋網に向かって、右手で水面をたたき、水しぶきをあげ、左手にはロープで垂れ下がった鉛をもって海底に打ち付けて音を立てながら追い込んだ。このとき、もっとも水位が浅い地点では、膝丈よりも浅かった。10分後、三人とも袋網前まで泳ぎ着き、魚を袋網に追い込んだ。bとcが海底のサンゴにひっかけて固定していた袋網をはずし、船上に引き揚げた。網の回収にかかったのは、4分間であった。11時24分、ソデ網も回収し終えて、一回目のウーギャンが終了した。この漁場では、体長40センチほどのブダイ科やサザナミハギ、ミヤコテングハギを漁獲した。

　2度目のウーギャンは、ビーバクとよばれる漁場東側の外洋側礁斜面に網を張った。この漁場は小さなサンゴ礁がふたつ接した地形をしており、前回のサンゴ礁よりソデ網で囲う距離は短くてもよい。このため、ソデ網を前回よりも1枚少なく張った。設置には、36分間かかった。その後、前回と同様の要領で追い込んだ。このサンゴ礁は小さいため、袋網を浮上させるまでかかったのは、4分間であった。

　3回目のウーギャンをする頃には、潮の向きがかわり、南東よりの流れとなった。12時15分、潮流に向けて袋網を設置し、アカッジとよばれる漁場の礁縁に沿ってソデ網を設置した。このとき、外洋側のソデ網を1枚多くつなげた。これは、礁原から追い込まれた魚が外洋側のソデ網にぶつかり、それにそうように袋網へ誘導するためである。網の設置に15分かかり、追い込みが終了するまでに24分かかった。13時18分に、ソデ網と袋網を回収し終えると、伊良部島へ針路を向けた。13時57分、佐良浜漁港に入港し、水揚げをした。

この日は、合計12ヵ所の漁場をまわっている。そのなかで、アオリイカを漁獲できたのは1ヵ所のみであった。午前9時41分の干潮のあと、潮がひいた浅瀬のサンゴ礁地形を利用してウーギャンとよばれる小規模な追い込み漁を3回おこなった。網の設置にかかった時間は最短で15分間、最長で45分間であった。そして、群れる習性のサザナミハギやミヤコテングハギ、イチモンジブダイ（メス）やハゲブダイ（メス）などのブダイ科を漁獲した。

　図3は、3日間の活動時間を漁法別に示している。8月6日は29ヵ所の漁場に潜水したが、アオリイカの群れを見つけて追い込み漁をしたのは11ヵ所であった。このうち、9ヵ所で漁獲できたが、2ヵ所でアオリイカに逃げられて追い込み漁に失敗した。この日の漁は、午前8時9分に満潮をむかえ、14時44分の干潮にむけて潮が引く中での活動だった。潮が引くとアオリイカがサンゴ礁の礁縁部に群れるため、比較的群れを発見しやすくなるという。そのためこの日はアオリイカのみを狙って活動を組み立てている。

　一方、8月26日は、アオリイカを探して15ヵ所の漁場をまわったが、途中でウーギャンやモリツキ漁に切り替えている。各々の漁場内では、アオリイカが好むといわれる、波の影響を受けにくい湾や礁縁の割れ目、礁湖を中心に潜水した。このうち、アオリイカを漁獲することができたのは2回のみであった。ところが、イカの群れを探している途中でアイゴの群れを発見すると、瞬時に漁法をウーギャンに切り替えた。その後、潮が満ちてきてアオリイカの群れを発見しづらくなってきた。そして、ウーギャンで漁獲できる魚の価格が下落していることから、より高値で取引されるテングハギやハゲブダイなどを対象としたモリツキ漁に切り替えた。このとき、モリツキ漁の漁場として、テングハギの「家」ともよばれる塊状サンゴが礁池に点在するサンゴ礁へ移動した。テングハギは、塊状サンゴのくぼみに繁茂した藻を食べるため、常にその周囲や内側を遊泳しているという。潮汐現象の変化や想定していた漁獲よりも少なかったため、高値で売れるテングハギなどが生息すると認識されるサンゴが点在する漁場に立ち寄って、その日の水揚げを補った。以上の事例から、3日の漁の組み立て方は全く異なることが指摘できる。

第 4 章 サンゴ礁と共に生きる知恵

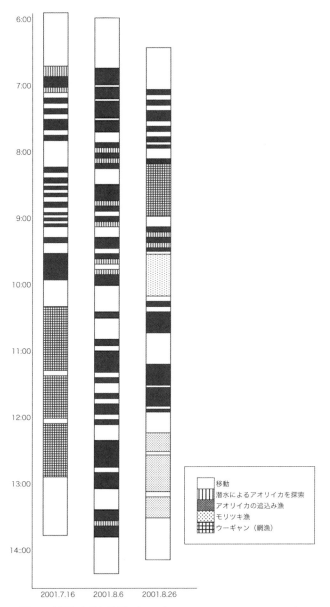

図3　活動時間と漁法（2001年7月16日、8月6日、8月26日）

4 「成果の不確実さ」を乗り越える民俗知識

　前節では、3日間の事例から、マドマーイとよばれるサンゴ礁地形を利用した潜水による漁法がどのようにおこなわれているのか、参与観察による資料から分析してきた。事例としてとりあげた3日間は、全く異なった漁撈活動の組み立て方をしていた。7月16日は、アオリイカの群れを見つけられなかったため、途中で魚を狙うウーギャン（追い込み漁）に切り替えた。8月6日は、イカだけを対象とし、29ヵ所もの漁場をまわった。8月26日は、イカの群れを探している途中で、アイゴの群を発見したため、急遽、ウーギャンに漁法を切り替えた。その後、イカの群れをみつけられなかったこと、また、ウーギャンで漁獲できる魚の価格が下落していることから、比較的高値で買い取られるテングハギを対象としたモリツキ漁に切り替えた。

　A組の漁撈活動は、漁場や対象魚種などの自然現象や市場の価格という経済的要因に応じて、まさに「タヌキが化けるように」漁法を変えている（市川1977）。素潜り集団A組は、自然現象や地形、対象魚種の生態的特徴などに関する実践的な民俗知識を駆使して、状況に応じた漁法を臨機応変に選択していた。漁師たちは、広漠とした海に身体を投じ、狙った獲物と向き合うという直接的な経験をとおして、実践的な民俗知識を体得していく。

　これまでみてきた事例は、潮汐現象の中でも、特に干潮あるいは満潮の前後の潮がほぼ止まったような状態になる時間帯が重要であることを示している。佐良浜では、このような潮の流れが止まったような状態をスドゥルンと呼び分けている。たとえば、7月16日の漁では、ンナヌヤーとタナカヌシで、この日の最長時間となる44分間潜水した。潮汐表と照らすと、ちょうど干潮の時刻にあたる。潮の流れはほぼ止まったような状態で、抵抗が少なく泳ぐことができた。さらに、潮が引いているため、普段は水深の深い場所での漁も可能であった。そして、8月26日の事例では、9時9分に満潮になった後の9時17分に、普段は潮の流れは速いと漁師達に注意されているドゥ・ヌ・カドで、アオリイカを探すため潜水している。満潮になって間もないため、潮の流れはほぼ止まったような状態とみなされていた。このように、スドゥルンとよばれる、満潮や干潮の前後約1時間の潮

どまりは、潜水による漁法を営む漁師にとって重要な時間帯であるといえるだろう。これらの事例からも、漁師たちは潮汐の変化を考慮しながら、漁撈活動を組み立てていることがみえてくる。

　さらに、アオリイカの生態学的特徴に関する民俗知識によって、漁場を選択していることにも注目したい。参与観察期間中、素潜り集団A組は、体長10センチほどの小さなアオリイカの群れを狙っていた。アオリイカは、5月から6月ごろに産卵するため、浅瀬のサンゴに集まってくる。体長の小さなころは波の影響を受けにくい浅瀬の表層に群れて漂っている。佐良浜漁師は、このように体長が小さいアオリイカをアオッキャとよんでいる。漁師によると、それ以上大きいアオッキャはみたことはないという。成長すると、浅瀬のサンゴ礁から沖へ出て行くのではないかと考えられている。成長したアオリイカは、釣り漁で漁獲されるが、シロイカとよばれて別のものとして理解されている。

　漁師によると、アオッキャとよばれる小さなアオリイカは、夜明け前まで月が残っている旧暦7日から9日頃に、沖から群れでサンゴ礁の浅瀬に押し寄せてくる。また、台風や強い波浪の影響を受けた翌日には、群れが大きくなる。特に、アオッキャは波浪に弱く、潮流の下手側のサンゴ礁の湾や窪みの表層に生息する、と考えられている。引き潮時には浅瀬に群集するため漁獲しやすいが、満潮時は個別に行動するため獲りにくくなる、という。引き潮は漁を行う上での重要な判断基準ともなっているといえよう。また、アオッキャは、漁師に追い込まれると、胴体の色が白色から半透明にかわる。このため、熟練した漁師さえも、群れをみわけるのが難しい。また、雨が降ると、表層に細波ができるため、さらにみつけにくくなる。3日間の事例からも、素潜り集団A組は、アオリイカが好む枝状サンゴが発達した浅いサンゴ礁や湾や縁溝のあるサンゴ礁を中心にまわっていることが指摘できる。そして、潮が満ち始めるとアオリイカの群れを見つけにくくなるため、魚を獲ろうと追い込み網漁やモリツキ漁に漁法を切り替えている。

　このように漁獲対象や漁法を柔軟に切り替えるためには、その対象とな

る海洋生物が好む生息場所や習性などの生態的知識や、サンゴ礁の構造や海底構成物などの地形に関して熟知していることが重要である。素潜り集団A組の活動からも、漁法と漁場を状況に応じて選択していることがわかる。たとえば、7月16日の漁では、アオリイカの群れを見つけられず、礁原に生息する魚を対象とするウーギャンに切り替えた。ウーギャンとよばれる追い込み漁では、サンゴ礁の礁原や礁縁の溝にそってソデ網を張り、その外洋側に袋網を設置する。どのサンゴ礁にもこのような溝があるとは限らない。このため、ソデ網を張ることのできる溝のあるサンゴ礁がどこにあるのか、海底地形やその位置を熟知していることが重要である。さらに、8月26日の漁では、礁湖の塊状サンゴに生息する魚を対象とするモリツキ漁に切り替えた。このような塊状サンゴは、八重干瀬ではイフやハイビジ・ヌ・クンカディとよばれる礁湖に多く点在しているといわれる。これらのサンゴ礁には、テングハギやブダイ科などの魚が生息しているといい、モリツキ漁の主要な漁場となる。潜水による漁法を営む漁師の活動域は、10キロ四方にわたって大小さまざまなサンゴ礁が100以上点在する八重干瀬だけではなく、伊良部島や宮古島周囲の裾礁に広がる。このため、漁場を選択する漁師は、広範囲に海底地形やその底質、そこに生息する生物をよく知らなければならない。

　A組は、自然条件や魚の価格変動に応じて、その日の活動を柔軟に組み立てている。そして、状況によって瞬時に漁法を切り替えるために、漁獲対象魚の生態や習性、生息場所となる地形の分布、漁場空間の自然現象などに関する民俗知識を駆使している活動のあり方をみてきた。つまり、彼らの漁撈活動の柔軟性は、このような実践的な知識の集積の上に成り立っているといえるだろう。

　ところが、漁師があらゆる経験と知識をもとに獲物を狙い定めたとき、その生物もまた、生命をかけて逃げようと一瞬のすきをにらむ。漁師と獲物は、互いの微動さえ見逃すまいと対峙する。だからこそ、どんなに経験知を駆使しても、必ずしも漁師が勝者になるとは限らない。29ヵ所もの漁場を回った2002年8月6日は、その半数以下の11ヵ所でアオリイカを見つけ

て網を張ったが、2ヵ所で追い込み漁に失敗している。漁撈とは、自然に関する詳細な知識を育み、あらゆる状況に適応するために生存戦略を立てながらも、成果の不確実な生業活動だといえるだろう。

5　おわりに

　たくさんの方にお世話になりながら、私は島の人びとが育んできた自然認識の豊かさや、それを駆使して海の生きものや自然条件と対峙する漁撈活動のおもしろさに惹かれて、今も島に通う。島の人びととの出会いが、私に研究テーマを与えてくれた。その間には、お世話になった漁師の小学生だったお孫さんらは社会人となり、高齢化した島の人びとを支えるまでに成長した。学生だった私も、子どもを持つ親となった。2015年1月、島の南側には伊良部大橋がかかり、佐良浜港と平良港を結んでいた定期船は廃止された。人も社会も変化のなかを生きていく。私は、これからも伊良部島に通い、島がこれからどのように変化と向き合っていくのか、自然と共に生きるコミュニティのあり方について考えていきたいと思う。

謝辞

　本稿は、2014年に「宮古の自然と文化を考える会」にて発表した内容をもとに、2008年に京都大学大学院人間・環境学研究科へ提出した博士論文『サンゴ礁資源利用に関する人類学的研究：沖縄・佐良浜の事例から』の「第3章サンゴ礁をめぐる自然条件と民俗知識」の一部を大幅に加筆修正したものである。本稿の元となった博士論文の執筆にあたり、故福井勝義京都大学教授、山田孝子京都大学名誉教授と菅原和孝京都大学名誉教授、田中雅一教授（京都大学）、竹川大介教授（北九州大学）から多くのご指導とご助言をいただきました。また「宮古の自然と文化を考える会」の世話人である渡久山章 琉球大学名誉教授をはじめ多くの方から、島の子どもたちに島は様々な研究テーマの宝庫であることを伝えたいという熱意に励まされ、本稿をまとめる機会をいただきました。これらの方々に深く感謝いたします。

参考文献

秋道智彌
 1995 『海洋民族学―海のナチュラリストたち』、東京大学出版会。

市川光雄
 1977 「宮古群島大神島における漁撈活動：民族生物学的研究」、加藤泰安、中尾佐助、梅棹忠夫（編）、『探検・地理・民族誌』、中央公論社、pp.495-533。

煎本孝
 1996 『文化の自然誌』、東京大学出版会。

髙橋そよ
 2004a 「"楽園"の島　シアミル」、藤林泰・宮内泰介（編）、『カツオとかつお節の同時代史』、コモンズ、pp.180-196。
 2004b 「沖縄・佐良浜における素潜り漁師の漁場認識:漁場をめぐる「地図」を手がかりとして」、『エコソフィア』、(14)：101-119。
 2005 「サンゴ礁資源をめぐる取引慣行とリスク回避：沖縄・佐良浜の事例から」、『生態人類学会ニュースレター』、(11)：2-4。
 2014 「魚名からみる自然認識：沖縄・伊良部島の素潜り漁師の事例から」、『地域研究』、(13)：67-94。
 2018 『沖縄・素潜り漁師の社会誌：サンゴ礁資源利用と島嶼コミュニティの生存基盤』コモンズ。

寺嶋秀明
 2002 「フィールドの科学としてのエスノ・サイエンス」、寺嶋秀明・篠原徹編『エスノ・サイエンス』、京都大学出版会、pp.3-11。

山田孝子
 2012 『南島の自然誌－変わりゆく人－植物関係』、昭和堂。

第4章 サンゴ礁と共に生きる知恵

和名	学名	方名（佐良浜）
カツオ（大きいもの）	Katsuwonus pelamis	ダイバン
カマスサワラ	Acanthocybium solandri	サーラ
カメレオンブダイ	Scarus chameleon	アウ・ツゥーパ
カワリブダイ（メス）	Scarus scaber	アカ・アヤ・ガニ
カンムリブダイ	Bolbometopon muricatum	クジラッ・ブッダイ
カンムリベラ	Coris aygula	ヌブサ
カンモンハタ	Epinephelus merra	スサ・グー・ニバラ
キイロハギ	Zebrasoma flavescens	アカ・ユラ
ギチベラ	Epibulus insidiator	ンタグルキャ
キツネウオ	Pentapodus macrurus	サダミ
キツネフエフキ	Lethrinus olivaceus	ナガ・ウツ・マーユ
キツネブダイ	Hipposcarus longiceps	ブータ
キツネベラ	Bodianus bilunulatus	アマン・ファヤ
キハダ	Thunnus albacares	シュビ
キヘリモンガラ	Pseudobalistes flavimarginatus	ジキラ
キホシスズメダイ	Chromis flavomaculatus	フフ・ビツ
キンギョハナダイ	Pseudanthias squamipinnis	イスィ・ガナマラ
クギベラ	Gomphosus varius	ヒーダキ・フキャー
クサヤモロ	Decapterus macarellus	ユッル
クマザサハナムロ	Pterocaesio tile	ウクー
クラカオスズメダイ	Amblyglyphidodon curacao	フッヴァイ・アウ・ビツ
クラカケエビス	Sargocentron caudimaculatum	イスィ・アカ・イユ
グルクマ	Rastrelliger kanagurta	ビークン
クロカジキ	Makaira mazara	ヴァレン
クログチニザ	Acanthurus pyroferus	アカ・バン・クースキャ
クロコショウダイ	Plectorhinchus gibbosus	アナ・グル
クロダイ	Acanthopagrus schlegeli	ツン
クロハギ	Acanthurus xanthopterus	トゥカジャ
クロハコフグ	Ostracion meleagris	クータンマ
クロハタ	Aethaloperca rogaa	ジャグ・ヌ・バン・ニバラ

95

和名	学名	方名（佐良浜）
クロヘリイトヒキベラ(オス)	Cirrhilabrus cyanopleura	インドゥヤン・イラウツ
クロモンツキ	Acanthurus nigricaudus	イナウ・クースキャ
コガネシマアジ	Gnathanodon speciosus	ガーラ
コクハンアラ	Plectropomus laevis	アヤ・アカ・ディン・ニバラ
コバンヒメジ	Parupeneus indicus	ウスン・パンカ
ゴマアイゴ	Siganus guttatus	ヤド・アイ
ゴマニザ	Acanthurus guttatus	サミ・ユラ
ゴマハギ	Zebrasoma scopas	サミ・ユラ
ゴマフエダイ	Lutjanus argentimaculatus	アカ・ンチャ
サザナミトサカハギ	Naso vlamingii	マスゥ
サザナミハギ	Ctenochaetus striatus	スバタラ
サザナミヤッコ	Pomacanthus semicirculatus	ゴーゴー・カビッチャ
ササムロ	Caesio caerulaureus	ヘラー
サラサハタ	Chromileptes altivelis	ナガ・ウツ・ニバラ
サンゴアイゴ	Siganus corallinus	フッヴァイ・アカ・アイ
シチセンベラ	Lienardella fasciata	アッヴァミ・ヌ・ゥズ
シマハギ	Acanthurus triostegus	サータ・ニニムヤ
シマハタ	Cephalopholis igarashiensis	ジャグ・ヌ・バン・ニバラ
シモフリアイゴ	Siganus canaliculatus	ミャーン
シモフリフエフキ	Lethrinus lentjan	ナガ・ウツ・マーユ
シロオビブダイ	Scarus spinus	オーム・イラウツ
シロクラベラ	Choerodon shoenleinii	マクブ
シロダイ	Gymnocranius euanus	ッス・イユ
スジアラ	Plectropomus leopardus	アカ・ディン・ニバラ
スジクロハギ	Acanthurus leucopareius	サミ・ユラ
スジブダイ	Scarus rivulatus	アカ・ガマッチャ
スマ	Euthynnus affinis	ウブシュー
スミツキカノコ	Sargocentron melanospilos	スス・マイ・アカ・イユ
セダカハナアイゴ	Siganus sp.	アカ・バニ・ャーイ
セナスジベラ	Thalassoma hardwicke	アウスン

第 4 章　サンゴ礁と共に生きる知恵

和名	学名	方名（佐良浜）
ソウシハギ	Aluterus scriptus	サンスナ
ダイダイブダイ	Scarus globiceps	スサ・バツゥ
タイワンブダイ	Calotomus carolinus	ハイガサ・イラウツ
タカサゴ（大きいもの）	Pterocaesio digramma	フゥーイ・ゥズ
タカサゴスズメダイ	Chromis weberi	ガラサ・ビツ
タカサゴヒメジ	Parupeneus heptacanthus	オジサン
タチウオ	Trichiurus japonicus	ホオチョウ
タツノオトシゴ	Hippocampus coronatus	イン・ヌ・ヌゥマ・ガマ
タマメイチ	Gymnocranius sp.	ッス・イユ
タレクチベラ	Hemigymnus melapterus	スヴァッタイ
チョウチョウコショウダイ	Plectorhinchus chaetodonoides	フフ・ハイヴァカマ
ツキノワブダイ	Scarus festivus	クス・ファヤ・イラウツ
ツチホゼリ	Epinephelus cyanopodus	アウ・ニバラ
ツノダシ	Zanclus cornutus	ユヌンブ
ツバメウオ	Platax teira	ウツビラ
ツバメコノシロ	Polydactylus plebeius	ダー・ナガ・ィユ
ツマグロマツカサ	Myripristis adusta	フッ・ミ・アカ・ィユ
ツマリテングハギ	Naso brevirostris	ウンパン・マスゥ
ツマリトビウオ	Parexocoetus brachypterus brachypterus	トッビュ
ツムブリ	Elagatis bipinnulata	ヤマト・ナガ・ィユ
デバスズメダイ	Chromis viridis	アウ・ビツ
テングカワハギ	Oxymonacanthus longirostris	カーニン
テングハギ	Naso unicornis	マブユ
テングハギモドキ	Naso hexacanthus	マスゥ
テンジクイサキ	Kyphosus cinerascens	フフ・ババ
テンジクガレイ	Pseudorhombus arsius	スサ
トカラベラ（オス）	Halichoeres hortulanus	ヌブサ
トガリエビス	Sargocentron spiniferum	ハスナガ
トラギス	Parapercis pulchella	スス・ビューサー
ナガブダイ(メス)	Scarus rubroviolaceus	アカ・ヌイ

和名	学名	方名（佐良浜）
ナガメイチ	Gymnocranius microdon	マーユ
ナミスズメダイ	Amblyglyphidodon leucogaster	フッヴァイ・ビツ
ナミハタ	Epinephelus ongus	ユズィ・ニバラ
ナンヨウチヌ	Acanthopagrus pacificus	ツン
ナンヨウツバメウオ	Platax orbicularis	ウツビラ
ナンヨウハギ	Paracanthurus hepatus	アウ・ユラ
ナンヨウブダイ	Chlorurus microrhinos	アウ・バツゥ／ビキ・バツゥ
ニザダイ	Prionurus scalprum	カーミ
ニシキブダイ（メス）	Scarus prasiognathos	フフ・スサ・バツゥ
ニジハギ	Acanthurus lineatus	ツングー
ニジハタ	Cephalopholis urodeta	アカ・ニバラ
ニセカンランハギ	Acanthurus dussumieri	イナウ・クースキャ
ニセクロホシフエダイ	Lutjanus fulviflamma	ハー・ヌ・アイ・アカ・ンチャ
ネズミフグ	Diodon hystrix	アウ・バニ・ットゥトゥ
ノコギリダイ	Gnathodentex aureolineatus	ンミサッビ
ハクセイハギ	Cantherhines dumerilii	ウルゥス・ブラ
ハゲブダイ（メス）	Chlorurus sordidus	アカ・バ・イラウツ
ハチジョウアカムツ	Etelis carbunculus	アカ・マツ
ハナアイゴ	Ariosoma anagoides	アウ・アイ
ハナエビス	Sargocentron ensiferum	フス・マイ・アカ・ィユ
ハナグロチョウチョウウオ	Chaetodon ornatissimus	マラウイ・カビッチャ
ハナゴイ	Pseudanthias pascalus	アウ・ッズ・ガマ
ハナタカサゴ	Caesio lunaris	ハー・ゥズ
ハナフエダイ	Pristipomoides argyrogrammicus	アカ・マツ
ハナフエフキ	Lethrinus ornatus	フツナズ
ハマダイ	Etelis coruscans	アカ・マツ
ハマフエフキ	Lethrinus nebulosus	マーユ
バラハタ	Variola louti	ブナガ
バラフエダイ	Lutjanus bohar	アカ・イラウツ
ハリセンボン	Diodon holocanthus	ナガ・ツゥーズ・ットゥトゥ

第4章 サンゴ礁と共に生きる知恵

和名	学名	方名（佐良浜）
ヒトスジタマガシラ	Scolopsis monogramma	イナウ・サダミ
ヒトヅラハリセンボン	Diodon liturosus	アカ・バニ・ットゥトゥ
ヒトミハタ	Epinephelus tauvina	ナガ・ウツ・ニバラ
ヒフキアイゴ	Siganus unimaculatus	ナガ・ウツ・アカ・アイ
ヒブダイ（メス）	Scarus ghobban	アカ・ザシュフ
ヒメアイゴ	Siganus virgatus	フッヴァイ・アカ・アイ
ヒメダイ	Pristipomoides sieboldii	ミブ
ヒメテングハギ	Naso annulatus	ツノ・マスゥ
ヒメフエダイ	Lutjanus gibbus	ミミジャー
ヒメブダイ（メス）	Scarus oviceps	アカ・アヤ・ガニ
ヒラニザ	Acanthurus mata	トゥカジャ
ヒレナガハギ	Zebrasoma veliferum	ビッビャ
フウライボラ	Crenimugil crenilabis	ブラ
ブダイ	Calotomus japonicus	ハイガサ・イラウツ
フタスジタマガシラ	Scolopsis bilineata	イナウ・サダミ
ブチススキベラ	Anampses caeruleopunctatus	アヤ・ヌブサ
ブチブダイ	Scarus niger	ブイヤツ・イラウツ
ヘラヤガラ	Aulostomus chinensis	カタナ・ジャヤー
ボウズハギ	Naso thynnoides	アイ・マスゥ
ホウセキキントキ	Priacanthus hamrur	フッ・ミ・アカ・ィユ
ホウライヒメジ	Parupeneus ciliatus	アカ・イジャン
ホオアカクチビ	Lethrinus rubrioperculatus	アカ・ウツ・マーユ
ホシカイワリ	Carangoides fulvoguttatus	アヤ・アジ
ホシゴンベ	Paracirrhites forsteri	ミタイ・ニバラ
ホシフグ	Arothron firmamentum	スバウニャ
ホホスジタルミ	Macolor macularis	タカジュ
マジリアイゴ	Siganus puellus	ナガ・ウツ・アカ・アイ
マダラタルミ	Macolor niger	タカジュ
マダラハタ	Epinephelus polyphekadion	ユズィ・ニバラ
マルクチヒメジ	Parupeneus cyclostomus	アウ・スマ・ムイ・カタカス

99

和名	学名	方名（佐良浜）
ミズン（イナウ）	*Herklotsichthys quadrimaculatus*	カー・ミジュヌ
ミゾレブダイ	*Leptoscarus vaigiensis*	ムー・ヌ・イラウツ
ミナミイスズミ	*Kyphosus sp.*	アカ・ババ
ミナミキントキ	*Priacanthus sagittarius*	デンキ・ミー
ミナミクロダイ	*Acanthopagrus sivicolus*	ツン
ミナミハコフグ	*Ostracion cubicus*	クータンマ
ミナミハナダイ	*Luzonichthys waitei*	アウ・ッズ・ガマ
ミヤコテングハギ	*Naso lituratus*	アカ・ジュウ・ガーミ
ムスジコショウダイ	*Plectorhinchus diagrammus*	アヤ・ハイヴァカマ
ムネアカクチビ	*Lethrinus xanthochilus*	アカ・ウツ・マーユ
ムラサメモンガラ	*Rhinecanthus aculeatus*	フフビ
メアジ	*Selar crumenophthalmus*	ガツヌ
メイチダイ	*Gymnocranius griseus*	タイミー
メガネクロハギ	*Acanthurus nigricans*	アカ・ユラ
メガネモチノウオ	*Cheilinus undulatus*	ヒロシ
モンガラカワハギ	*Balistoides conspicillum*	クブシミャ・ヌ・ンマ・ヌ・フフビ
モンスズメダイ	*Chromis xanthura*	ガラサ・ビツ
モンツキアカヒメジ	*Mulloidichthys flavolineatus*	スサ・ガタカス
モンツキハギ	*Acanthurus olivaceus*	アカ・バン・クースキャ
ヤクシマイワシ	*Atherinomorus lacunosus*	ハダラー
ヤマトカマス	*Sphyraena japonica*	アカ・バン・カマサー
ヤマトミズン	*Amblygaster leiogaster*	ミジュヌ
ヤリカタギ	*Chaetodon trifascialis*	マラウイ・カビッチャ
ユカタハタ	*Cephalopholis miniata*	ジャグ・ヌ・バン・ニバラ
ユメウメイロ	*Caesio cuning*	イナウ・アウ・ガナマラ
ヨコシマクロダイ	*Monotaxis grandoculis*	タイミー
ヨコシマタマガシラ	*Scolopsis lineata*	トゥルン
ヨコフエダイ	*Lutjanus malabaricus*	アカ・ンチャ
ヨメヒメジ	*Upeneus tragula*	イジャン
リュウキュウアカヒメジ	*Mulloidichthys pflugeri*	イジャン

第4章　サンゴ礁と共に生きる知恵

和名	学名	方名（佐良浜）
リュウキュウダツ	*Strongylura incisa*	スッズー
リュウキュウヒメジ	*Parupeneus pleurostigma*	ウツナー・ヌーラ
リュウキュウヤライイシモチ	*Cheilodipterus macrodon*	イシィダ
ルリスズメダイ	*Chrysiptera cyanea*	アウ・ビィー
ルリホシスズメダイ	*Plectroglyphidodon lacrymatus*	クルキャ
レモンスズメダイ	*Chrysiptera rex*	アカ・ビィー
レモンブダイ	*Scarus quoyi*	スサ・バツゥ
ロウニンアジ	*Caranx ignobilis*	プン
ロクセンスズメダイ	*Abudefduf sexfasciatus*	タナンラ
ロクセンフエダイ	*Lutjanus quinquelineatus*	アカ・ンチャ
ロクセンヤッコ	*Pomacanthus sexstriatus*	ゴーゴー・カビッチャ

第5章　野鳥の営巣観察（多良間島）

羽 地 邦 雄 （農業）

羽地 邦雄（はねじ くにお）

1949.4.10 宮古郡多良間村塩川生まれ。沖縄工業高等学校機械科卒。55歳まで島外で暮らし、のち島に戻り農業に従事。

趣味は野鳥観察。

はじめに

　多良間島の沿革については、「多良間村史」等で詳しい。

　長い年月を島外で過ごした私に島の歴史、民族、自然について秩序立てて記し、語るほどの知識はない。古希に手が届かんとする今日、「光陰矢の如し」を実感する。

　幾星霜、繰り返されて来た風水害、旱魃等の自然災害は、島人の食糧をはじめ、多くの生活物資を他所から購入依存する絶海の孤島と称される多良間島には、大きな打撃となる。島人の生活を支える換金産業はサトウキビ、畜産業、葉タバコ、カボチャ栽培等である。

　透明度が高く、多様なサンゴが生息する美しく豊饒の海は、観光客やダイビング客を喜ばせる。豊かな漁場に恵まれた島と言われながら、昔から漁業で生計を立てる者は少ない。魚介類も多くはスーパーで購入する。

　ある晩のこと、織姫と彦星が年に1回、逢瀬するという夜空に、美しく流れる天の川を見上げて「多良間の星空は日本一美しい！」と叫んだ青年の声が耳に残った。彼はグラビア写真撮影で全国を旅していると語った。何気なく見上げていた星降る夜空が、島の大切な観光資源になるとも言っていた。

　多良間島の永久の安寧（あんねい）秩序を願い、集落をやさしく囲む抱護林を設け、墓地を島の北方に位置づけたのは風水思想の影響だという。今日でもそれ

それの分野で、島を訪れる研究者は多い。先達の偉業を称えたい。

さて、私は素人の域を越えない「鳥見」をする。留鳥や渡り鳥、数種類の野鳥が3月頃から8月頃にかけて多良間島のここかしこで営巣、子育てをする。環境と地域性が巣作りする場所、巣材、巣の形に影響すると思われる。

以下は、多良間島で営巣繁殖する野鳥の観察記録である。

1．オオクイナ（方言名：ヤマミタナ）

マズムヌドゥリ（ゆうれい鳥の意味）ともいう。方言名があるのは、昔から島に居た証拠となる。マズムヌドゥリと呼ばれ忌み嫌われる理由がある。家々の照明が石油ランプの時代、島に宵の帳が下りると、村内は暗く静かな夜となる。暗闇からアオー、アーとヤマミタナの陰湿な鳴き声が聞こえてくる。昔、イザリ漁に行く道すがら耳をふさぎたくなるくらい、多くのヤマミタナの声に悩まされたという。イザリの潮時によっては夜中に家を出る。道沿いの木々から陰湿な鳥の鳴き声は気味悪く急ぎ足となる。

ある距離、声に近づくと鳴き止み、行く手に先回りして鳴く、海に着くまでこのくり返しで、「声はするが姿は見えず」、漁師に忌み嫌われた声の主は「魔物鳥」と蔑称されたという。懐中電灯すらも無い時代、実態を確かめる術もなかった。それでも、知らない、知りえないのも多良間島のロマンだと思っていた。

「ヤマは（山）、ミタナは（女の意）で、ヤマミタナは（山の女）。つまり、あばずれ女のことかな」、夜な夜な人をたぶらかす魔性の声に恐怖を覚えたのかも知れない。

警戒心が強く、単独行動が多いオオクイナ

「ヤギに与える草の刈り取り中にヤマミタナの巣を見つけたよ。刈り払い機の刃が巣に触れる寸前まで気が付かなかった。1羽のヒナが孵(かえ)っているよ、早く見に来て！」興奮気味の電話に誘われ、巣の確認に急ぎ家を出た。

確かに、巣ギリギリのところで草刈りを止めてあった。テリハボクの林縁に生えた雑草の中に、地面にテリハボクの枯れ葉を重ね敷いただけの簡素な巣だった。卵の数は残り5個。1個はすでに孵(ふ)化していた。卵に程よい日影をつくった雑草が刈り取られ、夏の午後3時、強烈な日差しが卵と、すでに孵化したヒナに悪いと思い、遠巻きにビデオカメラをセットして親鳥が戻るようにし向けた。刈り払い機の騒音や、人を警戒して、卵やヒナを放棄したのか親鳥が中々巣に戻らなかった。一抹の不安がよぎった。しかし観察を続けていると、親鳥が巣から1mばかり離れた草むらから巣とヒナをうかがっているのが双眼鏡で見え安堵(あんど)した。

その時だった、最初に孵化した1羽のヒナが、フラフラしながらも巣の中で立ち上がり、ピィピィとか細い声を発しながら親鳥のいる方へ向かって歩んだ。炎天下、孵化して間もないか弱いヒナの力強い行動に、私はただだだ驚きあっけにとられた。

ニワトリだと、ヒナの孵化が近づくと片時も巣を離れず抱卵に専念する。ヒナ達は21日目あたりから親鶏の胸元や、羽の下からピヨピヨと鳴きながら這い出してくる。

人は、かわいいヒナの誕生に目を細める。

ヤマミタナのヒナの孵化にも親鳥のきめ細かな抱卵が不可欠だろうと思っていた。

ところが今日は、けたたましい音を立てて巣の周辺の草を刈り、その後も巣の周辺をうろつき長時間にわ

オオクイナが好む林縁部

たり、大事な卵の抱卵を妨げてしまった。

　雲一つない炎天下、残った5個の卵は死に籠もり(孵化できず卵の中で死ぬヒナのこと)だと思い、巣に近づき卵を観察することにした。その時、コッコッ、コツコツと断続的に巣の中から音が聞こえてきた。耳を疑った。間をおいて卵にヒビが走り、割れ目からクチバシが現れ、ヒナがもぞもぞ動くと卵がパカッと割れて黒っぽいヒナが這い出て来た。ヒナは荒い呼吸をしながらうずくまってしまった。羽毛が乾くまでじっとしていたのかも知れない。程なくして元気に立ち上がり、巣に留まることもなく親鳥の居る茂みに向かった。親鳥の姿は見えないが、呼び声に反応した。かれらの本能なのだろう。

　1個を残し、親鳥が抱卵出来なかった空白を、炎天の太陽熱が温め、5羽のヒナが元気に巣立つ要因になったと今でも信じている。おそらく二度と見られない貴重で夢のような巣立ちのドラマを、ヤマミタナは私に見せてくれた。「魔法の鳥」と称したい。

　翌日、巣を見に立ち寄った。先日の夢舞台の巣には、1個の死に籠もり卵と卵の殻が残り、やわらかい西陽が射していた。ヤマミタナ親子の姿はなく、風が林縁を渡って行った。

2．カラス（方言名：ガラシャ）

　留鳥と呼べるガラシャは現在多良間島には1羽もいない。換金作物として落花生の栽培が盛んな頃まで、島の空を我が物顔に飛び交い、野生小動物の食物連鎖の頂点に居たのは恐らくガラシャだった。

　土地改良されない前の多良間島の農耕地(畑)は、面積は小さく、作物を育てる土の層も浅い石灰岩がむき出しのやせ地が多かった。当時、家を継ぐ長男は島に残り、次男、三男は島外への移民を望む者が増えた。私の父も、石垣島の野底部落への移民希望に手をあげた。移民先での開墾作業は辛酸をなめる過酷な日々だったようだ。

　開墾作業中、父は大ケガをした。悪いことは重なるもので、当時、死に至る病と恐れられた感染症のマラリアにもかかった。「短期間で重症化し

死に至る」と聞き、緒に就いたばかりの野底移民を断念、死をも覚悟で多良間島に戻った。60余年も昔の事だが、痩せこけた父が、夏なのに寒い寒いと苦しんでいた日々のことは忘れられない。

　今でいう民間療法の事と思うのだが、「カラスのヒナを丸ごと煎じて飲ませると、マラリアに効く」と聞いた私の叔母は、義理の兄の為にと松林に出向き、親カラスが巣を離れたすきに、松の木に登りヒナを1羽失敬して地上に降り、ボロキレでヒナを包み、急ぎ松林を離れた。帰路、カーガーとしつこく叔母の後を追い続けて来た親カラスが怖かったと常々話題にした。

　後々知った事だが、カラスには並外れた臭覚が有り、人の死臭もかぎ分ける能力さえあると聞いた。叔母がヒナをボロキレで包み、隠したところで、親カラスは、包まれたわが子の匂いに気づき、叔母を襲い、ヒナを取り戻そうと必死だったに違いない。

　糊口をしのぐ生活の中でマラリアにかかり、父は床に伏しがちだったが、畑仕事が出来るまでに回復し周囲の人達を驚かせた。病の回復がカラスのヒナの煎じ汁の効果によるものか否かを知る由もない。元気になった父は毎日、野良仕事に勤しんだ。主食の芋苗を植える前に、鍬で畑を耕すのだが、痩せ地は土の層が薄く鍬の羽先をはね返した。それでも父は黙々と鍬を打ち続けた。

　私（筆者）にとって、隣にあった松林の中は風が吹き抜け、仕事後の休憩場所にもってこいだった。ある日のこと、松の根元で寝そべり、流れる雲を見ていた時、木の頂点に架けられたカラスの巣を見つけた。巣は、巣立ち後の古巣だった。たくさんの小枝が上手に組まれ積み上げられていた。松の枝に巣材の小枝をからめて作り、巣が風に飛ばされないような工夫がされていた。産座には、松葉が敷いてあった。巣材の小枝は鋳鉄製のヤカンの湯を沸かす薪に使った。1個のカラスの巣材で2回分の湯沸かしが出来た。

　昔、多良間の女性達は、上布の機織りで生計を助けた。石油ランプの灯りに頼り、夜なべ続きの機織り作業は目を酷使した。「カラスのヒナを煎

じて飲むと、視力低下や目の病、喘息にも効く」この話を信じ実行した女性に話を伺った。

「私は今でも眼鏡なしで新聞が読めるよ。ヒナを煎じて飲んだおかげさ、カラスに足を向けては寝られないよ、ハハッハハ」この話をされた嫗(おうな)はその後99歳の天寿を全うされた。

多良間島からカラスがいなくなった原因の一つが空気銃だと聞き、所持していたM氏を訪ねた。島の行政、行事に活躍された氏は笑顔で経緯を話された。

「私は当時、正規に空気銃を所持していた。毎日カラスを撃ちまくるので、知恵者のカラスは私を見るだけで逃げ去り挙句の果ては、石垣島にまで追いやったとの噂まで広がったよ。カラスは簡単に射ち落せる鳥じゃないよ。撃ち落したのは1羽だけ。他には、海辺に集まるシギ類だった。かれらを狙い撃つのも、私の技術では難しかった。それと、値段の高い鉄砲玉をパンパン撃てないよ。たかが空気銃1丁で、島から全てのカラスを追い出す事は無理だと解っただろう」当事者が語る内容には脈絡が通る。噂話は波紋よりも早く広がる。

多良間島からカラスがいなくなった大きな要因に、農薬・除草剤・殺鼠(さっそ)剤・原野の伐開、栽培作物の種類の変化などが挙げられる。

やはり作物を守るためにと大義名分で大量使用される農薬や、落花生をカラスから守るため強力な毒薬を使い、多くのカラスを駆除した事が始まりで、後には死に絶えたとの人災説が多く聞かれた。ところが当時、落花生を栽培出荷していたHさんは、次のように話された。

「毒液に一夜浸しておいた落花生を畑に撒いておくと、カラスがやって来てついばむ。毒の効果はてきめんだから食ったカラスは先ず、空に向かい垂直に飛び上がり、ある高さまで昇ったら急に真っ逆さまに落ちて即死だよ。毒の効きが早いせいなのか知らないが、何故、垂直に飛び上がれるのかなー？知恵者のカラスが全滅するまで毒餌を食べ続けるとは思えないね。それに、落花生の収穫後にもカラスは居たからな。ヤーマ（石垣島）に逃げたとも聞くよ。」

わずかに残る松林

傍らで話を聞いていたH氏の奥さんの話：「昔は、自給自足みたいな島だから、穀物（豆類、麦、あわ等）特に主食のイモはどこの家でも栽培していたけど、今は、ほとんどがサトウキビ畑だからカラスの餌がなくなって住みづらくなったと思うわ。松林も少なくなったしね。」

　カラスが多良間島からいなくなった本当の理由は？それこそカラスの勝手だが、他の皆さんからも、貴重な話を伺うことが出来た。

　長々と恐縮だが、カラスの話を続ける。

　多良間島の標高34mほどの小高い丘に「八重山遠見台」がある。昔、頂上には狼煙（のろし）を上げる通信台があったという。晴れた日は、石垣島の青く美しい山並みが見える。勿論、島の全景も一望できる。多くの賢いカラスは、周辺の木々をねぐらとし、多良間の空を謳歌（おうか）したであろう。

　Tさんの畑は遠見台から700mほど下った海岸近くにある。島の一周道路に面していて道路を渡ると海岸は、目の前に広がるという場所である。

　Tさんは、農作業を終え、水平線に石垣島が浮かび美しい黄金色の夕日に見とれていた。ふと気がつくと、5、6羽のカラスが夕日に向かって飛んで行く様子が見えた（1970年頃）。「ヤーマガラシャかタラマガラシャか知らないが飛んで行ったのはガラシャだった。何回も見ているサー。」

　Tさんの話を聞いて毒餌から逃れたカラスが新天地を求め石垣島に渡ったとしたら、知恵者カラスの面目躍如だ！　偶然にも、空気銃の話の中で、石垣島にまで追いやったとのうわさも広まった、と紹介したが、Mさんは石垣島出張中に、「タラマガラシャは大きいですよね」と石垣島の人から聞かれたと言う。その時Mさんは、タラマガラシャは多良間島・石垣

第5章　野鳥の営巣観察（多良間島）

島間の大海原を渡ると確信したと言う。

　筆者は、2年前(2014年)石垣天文台に行く途中のバスの窓から身を乗り出し「あ！カラスだ」と叫び、「多良間島には、カラスはいないのか？」バスに同乗の地元の人達に失笑された。残念だったが多良間島に居た大柄のハシブトガラスではなかった。小さめのオサハシブトカラスだった（多良間でヤーマガラシャと言っているのは、このオサハシブトカラスなのか、あるいは渡り鳥のミヤマガラスなのかは、今後の課題である）。

　冬期の多良間島には、毎年4～11羽のミヤマガラスがやって来て、草地や牛舎周辺のぬかるみでエサをあさる。このころ、ヤーマガラシャが来たと話題になる。

　双眼鏡で見ても裸眼で見ても、これまで観察したカラスはどれもミヤマガラスである。

　ならば、昔も今も、ミヤマガラスをヤーマガラシャと呼んでいたのかと結論付けられそうであるが、一考すべきYさんの話（1970年頃）があった。

　「夏頃にカラスバト、ズアカアオバト、キジバト等がガジュマルの熟した実に群がる。その頃だ、赤黒く小ぶりのカラスがどこから来たのか知らないが多良間に来た。タラマガラシャとは明らかに違っていた。その後、うるさく鳴きながら群れを成し西の方角へ飛んで行った。あの頃は皆が見て知っていたはずだけどな～。」Yさんはあのカラスがヤーマガラシャではなかったのかと言わんばかりだった。

　6年前（2010年）、多良間にたくさん居たカラスが1羽も見えなくなった理由を、カラス研究の第一人者と言われる方に指導を仰いだ。

　「地図で知る地理的条件から見て、宮古島のハシブトガラスも石垣島のオサハシブトカラス

冬季に渡ってくるミヤマガラス

も多良間島まで海を越えて渡れるほどの飛翔能力は無いと思う。もし多良間島で何れかの個体が目撃、確認が有れば、ぜひ知らせて欲しい」。要約すると、以上のご指導であったが、未だにいずれのカラスも目撃、確認には至っていない。それでも、昔、島の皆さんが見たという本物のヤーマガラシャに多良間島で出会いたい。

3．アオバズク（方言名：ニカツツク）

　猫のことを多良間では「ニカ」と呼ぶ。正面から見たアオバズクの顔がニカに似る。「ツツク」は鳥のツツク動作、合わせてニカツツクと呼ぶようになったようだ。

　4月頃から、9月頃まで、夜も更けたころから朝方までホーホーと鳴く繁殖期となる。電柱の頂部は、かれらにとってメスを呼びやすい特等席のようだ。

　リュウキュウコノハズクも繁殖するようだが、私は見たことがない。

　多良間島の八月踊りを奉納する御願所内には、デイゴ、フクギ、アカギなどの巨木が、舞台や観客席の周辺で100年余も、人々に木陰と涼やかな雰囲気を演出し続けている。林内の野鳥のさえずりは人を和ませてくれる。大切な聖地は心のより所でもある。

　そんな所でさえずる小鳥を探している時、4つの大きな黄色い目に出会ってビックリした。しかしながらラッキーな事でもあった。1度に2羽のアオバズクを観察出来たからだ。アオバズクとの一定の距離を保てば観察しやすい野鳥で、首をかしげる仕草はとても愛らしい。御願所林は野鳥達の大切な繁殖場所でもある。

　5月、セミが鳴き始め、8月頃のセミの大合唱は、猛暑を酷暑に盛り上げる。

　アオバズクの好物の餌の一つが、昆虫のセミ類だ。巣立ち後の巣をのぞくと、ヒナの食べ残しにセミの翅が多い。防風林、防潮林、そして御嶽林等が多良間島を守る大きな役割を担ってきた。先人達から受け継いだ偉業は、昆虫、野鳥、そして人等を育む。緑豊かな多良間島の弥栄(いやさか)を願いたい。

第5章　野鳥の営巣観察（多良間島）

　アオバズクは、昼なお薄暗い御嶽林など、古木の多い場所に営巣する。倒木の洞や樹の根元にも巣作りする。しかし、例外もある。車庫で長い間放置された、大型ダンプカーの車輪の傍らで、ヒナを育てる個体もある。アオバズクは巣作りに場所を選ばず！　弘法大師もうなずく柔軟性に富む野鳥かも知れない。

　多良間の御嶽の入口には、鳥居が建つ。「あれ？　鳥居は神道のシンボルだよ。おかしくない？」御嶽に立ち寄った、リュックを背負った半ソデ半ズボン姿の、ナイチャー青年が、境内を掃き清めていた御嶽守りのニシャイガッシサ（二才頭）に問い掛けた。御嶽守はやんわりと答えて言った。「多良間島では、先祖崇拝、仏教、神道、キリスト教、創価学会。皆仲良くやっているよ。」御嶽守の返答が私の琴線に触れた。青年は、鳥居の手前で一礼してから、足早に立ち去って行った。

　〇〇御嶽の鳥居のそばの、朽ちかけたフクギの根元の洞にアオバズクの巣があるのを聞いて以後、毎日観察に通っていたので、彼らの会話が聞けたのだ。人も、車も結構行き来する道の傍の巣作りは落ち着かないと思うし、野良猫やイタチにも襲われそうで心配だった。卵は2個で白色、つがいが交代で抱卵する。人が巣に近づき過ぎると、どこからともなく大きく羽を広げ、頭上スレスレに攻撃して来る。気を付けないと危険だ。

　巣の中からリリリー、リリリリーと微かな声が聞こえてきた。ヒナが誕生していたのだ！　真っ白なヒナが確認できた。親鳥が私に警戒してか、ヒナを羽の下へ導く。その時、1個の卵がチラッと見えた（この卵は孵化しなかった）。親鳥がヒナを残し、時折巣を空ける。ヒナが野良猫に襲われないのが不思議だ。

御嶽に建つ鳥居

手の甲に乗ってきたアオバズクのヒナ

人の手から餌をとったアオバズクのヒナ

巣立ち前のアオバズクのヒナ

心配をよそに、ヒナはスクスク育ち巣立つ日が来た。首輪の付いた黒猫が巣の近くでうろついていたが、私に気づいて逃げ去った。その直後、なんと洞から外へヨチヨチとヒナが出て来た。洞から3mばかり進んで止まり、目をパチクリしながら又ヨチヨチ歩いた。私に気づいたが、恐れる様子もないので、ヒナの足元に手を伸ばし、指でヒナの足指にそーっと触れた。ヒナは振り向き、いぶかしそうに私を見上げ、なんとヒナは、私の指を伝い登り、手のひらで羽を広げ、2、3回羽ばたいたが飛び立つことは出来なかった。野良猫からヒナを守るためには地上に降ろす事もできず、近くのクロキ（和名：リュウキュウコクタン）の枝に移し、無事とまらせた。この一連の一部始終を親鳥は見ていたはずだが、今日に限って威嚇や攻撃は1回も無かった。

翌日もヒナはクロキにとまっていた。独特の愛くるしい仕草で小枝を揺らす。

持参した細切れの肉片を与え

ると、目をパチクリさせ、そわそわしながら次々と食べた。「ヒナの空腹は、巣立ちを促すため」このことを忘れた餌やりを反省した。今日は、2羽の親鳥が遠巻きにヒナを見守っていた！次の日、ヒナはテリハボクに移動していた。飛べたのだ！突然、ヒナが枝をけり羽ばたいた！境内に人気も無く静寂だった。微かな羽音が残った。

4．クロサギ（方言名：インシャギ）

　多良間島では、漁師ではないが釣りや素潜りを楽しむ、海好きの人を、「インシャギ」と言う。海を拠点にして生きているクロサギは、まさに海のサギ（インシャギ）なのだ。陸のサギとは別ものだと、昔から、はっきり認識していた証でもある。

　漁師だったYさんは「一昔前、海に迫る岩礁の上の直径3mばかりの窪地に、黒色型クロサギの3組のつがいの繁殖があった。一つの巣は抱卵中、二つ目の巣には孵化間もないヒナ、そして3つ目の巣には、巣立ち前の大ビナがいた。あの小さな窪地に3つの巣があったよ。あの頃は黒色型がほとんどだったけど、近年白色型が増えたなー」と話した。

　筆者は7年ばかり、クロサギの繁殖を観察しているのだが、黒色型同士のつがいの確認は無い。クロサギの色の割合の変化の理由は島の環境変化が影響したのだろうか、興味深い。

　多良間島の海沿いの岩礁は標高が最大でも9m程しかない。岩にしがみつく様に生えたクサトベラやシャリンバイ、テンノウメ等の枝の上に、わずかばかりの小枝を重ね積んで粗末（？）な巣を作り、つがいで懸命にヒナの世話をする。

　卵は水色で2〜3個。3羽巣立つときもあるが、1羽の時もある。共に白色型のつがいから、黒1羽、白2羽のヒナが生まれたり、黒色型と白色型のつがいから黒、白のヒナが生まれたりする。親鳥の遺伝子の影響でヒナの羽色が決まるそうだ。羽色の観察も面白い。強風で巣から飛ばされそうになったヒナを、親鳥が羽でかばい無事だった。強い日差しには、片羽を大きく広げて影を作り、荒い呼吸のヒナたちを守る（2014年観察）。

抱卵中のクロサギ（白色型）

抱卵中のクロサギ（3個の卵が見える）

餌を奪い合うヒナたち

　本能とは言え、かれらの子育ては健気でたくましい。
　親鳥から我先にと餌を奪い合うヒナたちは、グワッ、グワッ、ガーガーと激しく争う。親鳥が与えるエサには小魚もあった。その頃になるとヒナたちも、巣からわずかに離れ、羽ばたきのまね事をする。成長するにつれ、巣材の小枝を抜き取り捨てる遊びを繰り返す。巣立ち後の巣がみすぼらしくなる原因は、風雨による劣化だけではなかった。
　さて、話が前後するが、皿状の巣の縁から卵が転げ落ちないのは、同じ位置を転げまわるように卵の形が助けているとの通説に加え、親鳥が巣の縁を、上手にかさ上げ修理をしている事だ。次に強風にも吹きさらしの岩礁から飛ばされないのか疑問だった。
　クロサギは見事な実演で私の疑問に答えてくれた。それは、卵を抱きながら。巣から周囲にこぼれた小枝を抜き差しして形を整える。次の行動をみて唖然とした。何と、クチバシを器用

に使い岩肌に生えた植物の細い枝で、巣を縫うようにからめ、次々と３本ばかりの生きた枝を巣にからめたのだ。強風から巣を守る、精一杯の工夫と見た。

　巣作り場所によって野鳥はいろいろな工夫をし、ヒナの元気な巣立ちに備えているのだ。

　生き抜くための知恵は、すべて命あるものへの大いなる存在からの祝福だと思うのだ。

５．ヒヨドリ（方言名：ピィスュマ）

　パパイヤ、バナナ、バンシロウ、桑の実などを、我がもの顔で食い荒らし、７つの声色で木々の生い茂る雑木林をうるさく飛び交うヒヨドリ。「ヒヨドリ憎けりゃ声まで憎い」を実感するのは、野鳥撮影中に、かれらの突然の甲高い声で、被写体の野鳥が逃げ、悔しい思いをした時だ。

　しかし雑木林の中で暮らす他の野鳥達にとっては、頼れる大切な見張り役のようでもある。

　ある時は甲高い声をあげ、小鳥を猛禽類から守り、又ある時は地上で餌探しに夢中で近づく敵（人も含む）に、数羽でけたたましく警戒音を発し、野鳥仲間の危機を未然に防いでいるようにも見えるのだが反論も聞く。「集団で警戒音を発するのは、縄張り意識が強く、巣立ち前のヒナを侵入者から守るためで、他の野鳥を守るためではないよ」と。

　私は、いずれの意見も認めて良いと思う。

　ある時、私から５ｍばかり離れた木の枝で、虫をくわえた親鳥が細い声で鳴いていた。近くに巣があるはずなのだが探しあぐねた。それでもあきらめ切れず、巣の確認のため遠巻きに親鳥の行動を観察した。親鳥が餌をくわえたまま木々の間を飛び交った後、餌を待つヒナの鳴き声のする巣の縁に止まるのが見えた。エサをねだるヒナのクチバシも見えた。

　私が執拗に観察している様子を２〜３羽のヒヨドリが見ていたのだが、私への警戒鳴きはなかった。

　数年前の夏、仕事仲間と談笑しながら木陰で涼んでいた。すると突然、

頭上で2羽のヒヨドリがけたたましく鳴き、騒いだ。
　涼んでいた3人は、頭上の尋常ではないヒヨドリの行動に驚いて見上げた。
　いきなり、N君が「ワッ！」と頓狂(とんきょう)な声をあげ、頭を抱えて木陰から離れた。
　状況を知らぬまま、私達2人も彼に倣(なら)った。数mばかり逃げたN君が樹上を指さし、「ヘッ、ヘビが枝を這っている！」と叫んだ。
　N君の指す枝では、鎌首(かまくび)をわずかにもたげたヘビに、つがいのヒヨドリが甲高い声をあげながら攻撃を仕掛けていた。執拗にくりかえされるヒヨドリの攻撃に気圧(けお)されたヘビは高さ4mばかりの枝から地上に落ちた。落ちたヘビは傍(かたわ)らの古い石塀の隙間にスーと逃げていった。ヘビが追い落とされた枝先の巣に、いつの間にか1羽のヒヨドリが戻っていた。
　先ほどの喧騒(けんそう)がウソのような夏の昼下がりの1幕だった。現場詰め所に覆いかぶさる程の近場の枝で、ヒヨドリが営巣していた事を、その日まで誰一人気付く者はいなかった。
　ヒヨドリの巣の外観は粗雑に見えるが、内側は丁寧に作られている。枝に架けられた巣を見上げると、落ち葉や枯れ枝が自然に積み重なったように見える。巣を架ける樹種は選ばないようだ。ギンネム等の雑木も利用する。巣は、地上から2～4mの高さで見られる。
　外観の粗雑さは巣のカムフラージュのためだけだろうか。粗雑さやボサボサはラジエターの役割も果たす、電気いらずの空調装置かも？などと独(ひと)り合点する。
　巣から地上に落ち、為す術(すべ)もなくただただピィピィと親鳥を呼ぶ巣立ち前のヒナに出会うことがある。親鳥の給餌中、巣立ち前のヒナたちが、我先にと押し合いへし合いでエサの奪い合いをする。その中で元気のよいヒナが勢い余って、巣の縁から乗り出し落下した。
　落ちた所が枯れ葉の上だったのが幸いしたのか、か細い声をあげながら茂みに逃げた。皮肉にも、エサの奪い合いが命にかかわるのだ。
　飛べないヒナにとって地上は明らかに危険なはずだ。親鳥は茂みからヒ

ナを呼び出し、餌を与えていた。その後の経緯は観察できなかったが、きっと元気に巣立ちしたことだろう。

野鳥の中では、クチバシでエサをくわえたままで、仲間やヒナとの合図の声を自在に操る機能があるようだ。

ギンネムに架けられたヒヨドリの巣

6．アカショウビン（方言名：アカクガリ）

旧暦の5月か6月に行われるスツウプナカ（節祭）は、豊年祈願と豊作の感謝が祭りの主体を成す。高齢化や人口減少が祭りの継承、存続に危機感があることを危惧(きぐ)するのは古老だけではあるまい。

シツウプナカの祭場は4カ所あり、ナガシガー（自然井）が第一祭場である。祭りの当日、島中に響き渡る威勢のいいヤッカ、ヤッカの囃子もここから始まる。

この頃、夏鳥のアカショウビンがやってくる。「キョロロロー、キョロロロー」の声が、澄んだ五月晴れの空に響き渡り、ヤッカ、ヤッカの祭囃子と重なる。林縁の緑がアカショウビンの姿を一層鮮やかに引き立てる。スツウプナカとアカショウビンの元気な声は、島に夏の到来を告げる風物詩でもある。

2つ3つ、アカショウビンにまつわる話を紹介したい。最初にOさんの話。

「カーン、コーン、カーン、コッ」という聞き慣れない高い音が、いつもの散歩コースの前方から聞こえて来た。歩を進めるほどに音が大きくなった。人の気配が無いので不気味だったよ。路傍に生えたススキが覆いかぶさったガードレールに何やら赤いものが見え隠れした。

立ち止まって手をかざし凝視すると、赤いクチバシになにやらを挟ん

で、ガードレールに繰り返し打ち付けていた。聞こえてきた音の出どころだ。

　クチバシも含め、全身真っ赤な鳥が俺に気づき、振り向きざまに飛び立ち、近くにあった墓地へ消えてしまったよ。真っ赤な鳥が骨をくわえて墓から出入りしていたなど他人にはしゃべれない。散歩を切り上げ家に戻った。俺は、暗闇の墓道を通り平気でイザリ漁もした。しかし翌朝の新聞に、あの赤い鳥の写真を見たときは祟られていると思い込み、血の気が引いたのが解ったよ。恐る恐る記事を読むとアカショウビンは、朽ち木に穴をあけて巣作りし、子育てをする夏鳥でヤドカリの硬い殻も根気よく石などに叩き付けて割る。別名火の鳥とも呼ぶ、とあった。正直、この年（75歳）まで知らなかった。

　骨をガードレールに叩き付けて持ち運ぶ赤い鳥を、得体の知れないモノノ怪と思い込み寝込むほどの恐怖心も消えた。思い込みは時に、身体に悪いよ」と苦笑いしていた。

　アカショウビンにとっても透明な窓ガラスは、命に関わる危険な障害物である。村営の宿泊施設の食堂の窓ガラスに音を立てて勢いよくぶつかり、気絶したアカショウビンの保護を頼まれた。ケージ（鳥かご）の中で息を吹き返し、与えたカタツムリを止まり木に叩き付け中身を取り出し食べた！その器用さと知恵を身近で見て脱帽した。

　木に巣穴を彫り込むクチバシは固くて丈夫だろうと思っていたが、意外にも、薄くて「ムニュッ」とした感触で、弾力性があり、イカの中骨（軟骨）にやや似ている。ガラス面に勢いよく衝突しても、クチバシの特殊構造が大きな衝撃を吸収緩和して大事に至らないのではないか、保

夏の到来を告げる鳥アカショウビン

第5章 野鳥の営巣観察（多良間島）

護したアカショウビンにもケガはなく2日後には元気よくケージから飛び去った。

ワシ、タカ、カラスなど「貝割り行動」はテレビでも紹介されるが、Yさんから聞いた話は、「歩道にいたアカクガリ（アカショウビンの方言）が、何かをくわえて飛び上がったかと思ったらくわえたものを落とし、自分も舞い降りた。降りるとすぐに落としたモノをくわえ直し歩道のアスファルトに叩き付け、割れた殻から中身を取り出して食べ、ヤドカリの足と割れたウズラガイの殻を残して飛び去った、実に頭のいい鳥だよ。」どうやら「貝割り行動」は猛禽類のみの知恵ではなさそうだ。

多良間島には、広くまとまった山林と呼べる場所が乏しい。せいぜいあるのは小規模な、松林、抱護林、御嶽林等が野鳥の楽園であり、大切な営巣場所でもある。

アカショウビンが何年にもわたり営巣した、枯れたココヤシの木が道路沿いにあった（現在は朽ち果てた）。ココヤシのそばには、枝ぶりの良いリュウキュウコクタンがあり、巣作り中、外敵が来たとき、穴彫りに夢中のつがいに声で警告する、見張り役の恰好の止まり木になっていた。

雨や炎暑にも負けず、ヒナの元気な巣立ちまで、つがいで子育てに励む情熱の赤い鳥。巷（ちまた）で聞く「今年もアカショウビンを見たよ！」との会話は耳に心地良い。

平坦な島には、小川も湿原もない。よって野鳥は水場を人工のため池（農業用水）に頼る。晩秋から翌年の春分の頃まで、池には多くの水鳥もやって来て大賑（おおにぎ）わいとなる。池の水は畑地に張り廻られた水路を通り集水される。畜産

気絶から蘇ったアカショウビン

業や農業で使用される農薬、化学肥料、除草剤の無分別な使用が、水質汚染につながり、島民をはじめ、あらゆる動植物に悪影響を及ぼすことを自覚する事こそ次代への大切な贈り物だと思うのだ。

レイチェル・カーソン著「沈黙の春」に次のような1節がある。引用させて頂く。

「野鳥たちを含む食物連鎖のバランスこそ、自然環境の指標であることを見失ってはならない」。

おわりに

アカショウビンの営巣

巣立ち直後のアカショウビンのヒナ

25年も前（1990年頃）のことである。3歳上の兄が父に聞いた。「最近のヌズムナ（ノビル）は昔と違い匂いが薄いと思うが何が原因だろう」。父が苦笑しながら答えた、「それでも大学出かお前、品種改良もされず栽培植物でもない雑草のノビルの匂いが、薄くなったと感じるのは、村内の空気が車や農機具の排ガス、農薬、化学肥料等で汚れたからだよ。」鼻の利く父の答えに兄は一言も返せなかった。（環境社会学者だったらどんな発言をしただろうか）。

1960年代当時多良間は、イモが主食だった。ノビルは畑からの帰路、ど

この畦でも豊富に採れた。最近は除草剤、農薬の多使用で激減、採る人も少ない。少しの米粒に大量のノビルを刻み入れたノビル雑炊は、多くの家庭の夕餉だった。畑からの帰り道、集落に近づくと、家々からノビル雑炊の匂いで、腹のムシが鳴いた。当時の島の生活水準が理解頂けると思う。

今年も我が家では、ノビル雑炊を仏前に供え昔を偲んだ。

昔、人や生活物資を運ぶ唯一の交通手段は、船足の遅い小型木造船だった。現在は大型フェリーが多良間―平良港を片道2時間で快適に結ぶ。飛行機も多くの人々が利用し観光客も増えた。日用品は、JA、スーパー、個人商店等で購入する。大正初期生まれだった母が生前語っていた。「多良間で一生を送れて良かった、今の多良間の暮らしは昔と比べようもなく豊かさー、しかし遠い昔の生活も楽しかったよー。」母も島をこよなく愛した。

野鳥の巣作り観察は、3月～8月頃である、抱卵や子育ての観察がほとんどだ。出来ればつがいの交尾から巣立つまでをつぶさに観察したいのだが、これが難しい。

島の先輩、同輩、後輩等、多くの皆さんからの情報、協力のおかげで「聞いて、見て、確認する」をモットーに観察した記録だが、取るに足らない事かも知れない。しかし、頻繁には見られない野鳥の巣作りと巣立ちの記録が原稿になる日が来るとは、光栄なことだ。「多良間のことを書いてみないか」と声をかけて頂いた久貝勝盛先生、「観たまま感じたままを書かれたらいいですよ」と渡久山章先生から励まされた。両先生に感謝を申し上げる。

第6章 宮古における環境調査

古家 克彦 （一般財団法人沖縄県環境科学センター 環境科学部長）

古家 克彦（ふるいえ かつひこ）
1962.8.8 東京都杉並区生まれ。信州大学農学部畜産学科卒業。技術士（環境部門：環境保全計画）、環境カウンセラー（事業者部門、市民部門）。専門：環境調査、環境影響評価。

はじめに

本稿では、これまで宮古で行われてきた環境調査について概説し、最後に提言をしたい。

みなさんは"環境"という言葉から、何を思い浮かべるでしょうか？地球環境、地球温暖化、異常気象、環境破壊、環境問題、PM2.5、自然環境、環境保護、エコ、環境にやさしい、社会環境、生活環境、家庭環境、職場環境、労働環境、室内環境、IT環境、体内環境等々、多くのことが思い浮かぶでしょう。一口に環境と言っても、科学や経済、ITなど、分野によって環境の意味や使われ方は様々である。広辞苑では以下のように記載されている。「①めぐり囲む区域。②四囲の外界。周囲の事物。特に、人間または生物をとりまき、それと相互作用を及ぼし合うものとして見た外界。自然的環境と社会的環境とがある。」環境と付く語句も環境影響評価、環境衛生、環境会計など、20以上の語句が掲載されている。

本書の第1集から第3集の中でも地質、サンゴ礁、植物、野鳥、地下水など実に様々な宮古の環境が取り上げられている。さらに、文化として分類されているものも、文化的環境ということでは、本書のすべてが環境とみなすことができる。本稿では、「人間または生物をとりまき、それと相互作用を及ぼし合うものとして見た外界」としての環境を調査する"環境調査"を取り上げる。

第6章　宮古における環境調査

1．環境調査

　一口に環境調査と言っても多種多様な調査がある。調査対象に着目すると、陸や海の植物や動物、生態系などの自然環境に関するもの、大気汚染や水質汚濁などの公害に関するもの、室内の環境や水道水などの生活環境に関するもの、アスベストや粉じんなどの労働者の作業環境に関するもの、地球温暖化や黄砂、漂着ごみなどの地球規模のものなどがある。また、調査主体に着目すると、地域の学校やNPOなどによるもの、大学や研究機関、研究者によるもの、宮古島市や沖縄県、国が直接行うもの、あるいは、専門の業者に委託し行うものなどがある。これらには、自主的自発的に行う調査と法令や制度上義務付けられた調査がある。

2．環境調査の目的

　環境調査は、目的により調査の内容が大きく異なる。2つの例を考えてみよう。まず、宮古にとって重要な課題である安全な飲み水の確保について考えてみる。この場合、2つの視点からの調査が考えられる。一つは、飲用として使用する前の水である。宮古では飲用を含む生活用水のほぼすべてを地下水に依存している。それで水道水として使用する水の質と量を調べることにより、飲用に適した水とするための処理の方法を決めることができる。また、直接的な地下水の調査だけでなく、間接的に地下水の質と量に影響を及ぼすような土壌や地上部の環境も調査対象となる。たとえば、土壌中に有害な物質が含まれていないか、地上部に散乱しているゴミの中に有害なものは含まれていないか、雨水の地下浸透を阻害する要因はないかなども調査対象となる。もう一つは、使用後の水である。すなわち、家庭や会社、工場など、水を使えばほぼ廃水が発生する。廃水には人を含む生物や生態系に有害な成分が含まれている場合がある。このため、各所からの排水の質と量を調べることにより、環境中に排水するための処理の方法を決めることができる。以上のような人の健康に直接関わるものは、法令により調査の実施やその内容が規定されている場合が多い。したがって、法令を調べることにより、どのような施設や場所でどのような内

容の調査が行われているかを知ることができる。

次に、宮古にとって重要な産業である観光を例にとってみよう。この場合も2つの視点からの調査が考えられる。一つは、観光振興の視点である。海水浴場の水質やダイビングポイントのサンゴ礁の調査などがある。海水浴場の水質は、ふん便性大腸菌群数[1]、油膜の有無、化学的酸素要求量（COD）[2]、透明度などの調査を行い、水浴場としての適否を判定する。ダイビングポイントのサンゴ礁は、サンゴや魚などの生物の分布や透明度などの水質を調査し、ダイビングポイントとしての優劣を判断する。もう一つは、観光が環境に及ぼす影響の視点である。観光客の増加によるゴミや自動車など交通量の増加に関する調査がある。ゴミの場合は、処理量の増加やポイ捨てが地下水や海水の水質、土壌、悪臭へ及ぼす影響調査、散乱による景観への影響調査などがある。自動車交通では、騒音や大気汚染の調査がある。これらは、法令により必ず実施しなければならないものではなく、任意の調査である場合が多い。なお、大気汚染や水質汚濁、騒音などの典型7公害[3]については、環境基準や規制基準など、数値化された基準値があるため、調査結果をこれらの基準値と比較することが多い。

以上の2例を見ても視点が異なれば調査の内容は異なることがわかる。宮古では目的に応じて様々な調査が行われており、したがって、調査の数だけ調査結果がある。

3．宮古における実施主体別の環境調査

実施主体は、国や県、市町村、個人など様々である。国による環境調査は、地下ダム開発に伴うものや地球温暖化対策に関するもの、サンゴ礁保全に関するものなどがある。地下ダム開発は地上のダムに比べて環境に及ぼす影響は大きくないが、水利用に関する調査の他に、生物や景観などの調査を行っている。地球温暖化対策事業では、対策前後の二酸化炭素排出量のシミュレーションなどを行っている。サンゴ礁保全では、同一地点における継続調査（定点調査）などにより、サンゴ礁環境の質的・量的な変化を観測している。これらの調査は、開発や人の生活による環境への影響

を低減させるため、あるいは、環境保全を的確に行うために実施されている。

県による環境調査は様々あるが、ここでは開発行為に伴う環境影響評価（環境アセスメント：次項で詳述する）を取り上げる。環境アセスメントは、法令により行われるものの他に、事業者が任意で行うこともある。法令で決められた環境アセスメントには、国の法律である環境影響評価法に基づくもの、沖縄県の環境影響評価条例に基づくものがある。宮古では後者による以下の3例（平成27年12月現在）があるが、これについては次項で詳述する。
- 県営畑地帯総合整備事業西原地区
- 伊良部大橋橋梁整備事業
- 宮古島市ごみ処理施設整備事業

市では、宮古全域での地下水調査、陸域及び海域の生物調査、廃棄物処分場の調査、地球温暖化対策の調査など様々な調査が行われている。地下水調査については後段で詳述する。

その他に、NPOや任意団体によるマングローブや野鳥の調査、小学校・中学校・高校のクラブ活動としての地域の生き物調査や地下水・湧水調査、大学や研究機関による海域環境や地下水環境の調査研究、個人による調査研究など、様々な調査が行われている。

4．環境アセスメント

環境アセスメントとは、「土地の形状の変更や工作物の新設などで環境に著しい影響を与えるおそれのある大規模な事業の実施前に、事業者自らが、その事業が環境にどのような影響を及ぼすかについて、あらかじめ調査・予測・評価を行い、その方法及び結果について公表し、住民や知事、市町村長等から意見を聴き、それらを踏まえて、環境の保全の観点からよりよい事業計画を作成していくこと」を目的としている。この中の"環境に著しい影響を与えるおそれのある大規模な事業"は、先述した国の法律（表1）と沖縄県の条例（表2）で規定されている。

表1. 環境影響評価法の対象事業一覧

事業の種類	第1種事業 (必ず環境アセスメントを行う事業)	第2種事業 (環境アセスメントが必要かどうかを個別に判断する事業)
1 道路		
高速自動車国道	すべて	−
首都高速道路など	4車線以上のもの	−
一般国道	4車線以上・10 km以上	4車線以上・7.5 km〜10 km
大規模林道	幅員6.5 m以上・20 km以上	幅員6.5 m以上・15 km〜20 km
2 河川		
ダム、堰	湛水面積100 ha以上	湛水面積75 ha〜100 ha
放水路、湖沼開発	土地改変面積100 ha以上	土地改変面積75 ha〜100 ha
3 鉄道		
新幹線鉄道	すべて	−
鉄道、軌道	長さ10 km以上	長さ7.5 km〜10 km
4 飛行場	滑走路長2,500 m以上	滑走路長1,875 m〜2,500 m
5 発電所		
水力発電所	出力3万kW以上	出力2.25万kW〜3万kW
火力発電所	出力15万kW以上	出力11.25万kW〜15万kW
地熱発電所	出力1万kW以上	出力7,500 kW〜1万kW
原子力発電所	すべて	−
風力発電所	出力1万kW以上	出力7,500 kW〜1万kW
6 廃棄物最終処分場	面積30 ha以上	面積25 ha〜30 ha
7 埋立て、干拓	面積50 ha超	面積40 ha〜50 ha
8 土地区画整備事業	面積100 ha以上	面積75 ha〜100 ha
9 新住宅市街地開発事業	面積100 ha以上	面積75 ha〜100 ha
10 工業団地造成事業	面積100 ha以上	面積75 ha〜100 ha
11 新都市基盤整備事業	面積100 ha以上	面積75 ha〜100 ha
12 流通業務団地造成事業	面積100 ha以上	面積75 ha〜100 ha
13 宅地の造成の事業(「宅地」には、住宅地以外にも工場用地なども含まれる。)		
○ 港湾計画	埋立・掘込み面積の合計300 ha以上	

環境影響評価法施行令及び環境アセスメント制度のあらまし(環境省, 2012)より作成。
港湾計画については、港湾環境アセスメントの対象となる。
事業が第二種事業に該当し、法に基づく手続で不要と判定された場合は、条例の対象事業となる。
条例とは、沖縄県環境影響評価条例である。
−は、該当なし。

表2. 沖縄県環境影響評価条例の対象事業一覧

事業の種類	対象規模 一般地域	対象規模 特別配慮地域
1 道路		
一般国道・県道・市町村道・農道	2車線以上・10km以上	2車線以上・5km以上
一般国道・県道・市町村道	4車線以上・7.5～10km	4車線以上・3.75～5km
特別な場合の一般国道等	2車線以上・2km以上	2車線以上・2km以上
林道	車道幅員4m以上・2km以上	車道幅員4m以上・2km以上
2 鉄道・軌道		
普通鉄道・モノレール	長さ5km以上	長さ2.5km以上
新設軌道	長さ5km以上	長さ2.5km以上
3 ダム・堰・放水路等		
ダム	貯水面積20ha以上	貯水面積10ha以上
堰	湛水面積15ha	湛水面積7.5ha
放水路	土地改変面積15ha以上	土地改変面積7.5ha以上
砂防ダム	堆砂敷面積5ha以上	堆砂敷面積2.5ha以上
4 発電所の建設		
水力発電所	出力1.5万kW以上	出力0.75万kW以上
火力発電所	出力5万kW以上	出力2.5万kW以上
風力発電所	出力1,500kW以上	出力750kW以上
5 飛行場		
飛行場	すべて	すべて
ヘリポート	滑走路長30m以上	滑走路長15m以上
6 埋立て又は干拓	面積15ha以上	面積7.5ha以上
7 土地区画整理事業	面積30ha以上	面積15ha以上
8 農用地の造成又は改良		
農用地の造成	最大団地の面積20ha以上	最大団地の面積10ha以上
農用地の改良	最大団地の面積80ha以上	最大団地の面積40ha以上
9 工場団地の造成	面積30ha以上	面積15ha以上
10 住宅団地の建設	面積30ha以上	面積15ha以上
11 ゴルフ場の建設	面積20ha以上	面積10ha以上
12 スポーツ・レクリエーション施設	面積20ha以上	面積10ha以上
13 廃棄物処理施設		
廃棄物焼却施設	処理能力50t/日以上	処理能力25t/日以上
PCB焼却施設	すべて	すべて
し尿処理施設	処理能力50kL/日以上	処理能力25kL/日以上
最終処分場	埋立面積10ha以上	埋立面積5ha以上
14 下水道終末処理場	計画下水量4万m³/日以上	計画下水量2万m³/日以上
15 工場・事業場	排出ガス量10万m³/h以上	排出ガス量5万m³/h以上
	排出水量5,000m³/日以上	排出水量2,500m³/日以上
16 畜産農業施設の建設		
豚房施設	豚房面積5,000m²以上	豚房面積2,500m²以上
牛房施設	牛房面積5,000m²以上	牛房面積2,500m²以上
17 土石又は砂利の採取	採取面積10ha以上	採取面積5ha以上
18 鉱物の掘採の事業	掘採面積10ha以上	掘採面積5ha以上
19 防波堤の建設又は改良	堤長1,000m以上	堤長500m以上
20 養殖場の建設	面積15ha以上	面積7.5ha以上
○ 港湾計画	埋立・掘込み面積の合計150ha以上	

沖縄県環境影響評価条例施行規則及び環境アセスメント（沖縄県環境影響評価条例のあらまし）（沖縄県、2014）より作成。
「特別配慮地域」とは、国立公園特別地域等の自然環境保全上、特に配慮が必要な地域をいう。
「特別な場合の一般国道等」とは、森林計画に定める森林区域を通過する、もしくは島しょ間を橋梁等で通過する一般国道等をいう。
「廃棄物焼却施設」とは、一般廃棄物及び産業廃棄物の焼却施設をいう。
「最終処分場」とは、一般廃棄物及び産業廃棄物の最終処分場をいう。

これらの表に示した開発行為を行う際は、法令で定められた環境調査を実施しなければならない。それは、事業の種類や事業実施想定区域の状況により多少の違いはあるものの、事業の進捗に応じて2段階、かつ、ほぼパターン化されている。まず、事業の構想段階では事業実施想定区域の自然環境の状況を総合的に把握するために概ね文献や資料による調査を実施する（表3）。次に、対象事業が環境に及ぼす影響を明らかにするための調査を実施する（表4）。この調査は、文献や資料によるものだけではなく、実地において専門の調査者が実施する。以上の2段階の調査を経た後、最終的に作成される環境影響評価書には表3と表4に示す項目の調査結果が記載される。環境影響評価書は、一定期間公表されるため、誰でも閲覧が可能である。

表3. 構想段階の環境調査項目

	項　目	内　容
社会的状況	行政区画	市町村界　字界
	人口	人口動態　人口密度　人口分布　流域人口　世帯数
	産業	産業構造　産業人口　生産品目　生産額
	土地利用	土地利用状況　市街地及び集落の規模及び分布状況　基地の分布状況　文化財等、埋蔵文化財包蔵地、御嶽、拝所等の分布状況　土砂及び砂利採取の状況
	環境保全についての配慮が特に必要な施設の状況	学校、病院、福祉施設及び文化施設の配置状況等
	水利用	港湾区域　漁港区域　上水、工業用水、農業用水及び地下水の利用状況
	交通	道路、鉄道、軌道、空港、港湾及び航路の位置及び利用状況
	環境整備	下水道、廃棄物処理施設等の整備及び利用状況
	関係法令等の指定、規制等	関係法令による指定地域及び地区並びに規制内容　自然環境の保全に関する指針等環境保全に関する施策
	その他の事項	その他対象事業の種類、周辺の地域等の特性により必要となる事項
自然的状況	大気環境	気象、大気質、騒音、振動及び悪臭の状況
	水環境	水象、水質及び底質の状況
	土壌及び地盤環境	地形及び地質並びに土壌及び地盤の状況
	植物、動物及び生態	植物及び動物の生育又は生息状況　植生及び生態系の概況
	景観	景観資源の状況　場、利用及び眺めの状況
	人と自然との触れ合い活動の場	人と自然との触れ合い活動の場の状況、人々が日常的活動を通じて場に対して感じている価値の程度
	歴史的・文化的環境	文化財等、埋蔵文化財包蔵地、御嶽、拝所等の場の状況
	その他の事項	その他対象事業の種類、周辺の地域等の特性により必要となる事項

沖縄県環境影響評価技術指針（2013年）より作成。

表4. 事業の影響を明らかにするための環境調査項目

環境の自然環境的構成要素の良好な状態の保持を旨として調査、予測及び評価されるべき環境要素	大気環境	大気質
		騒音
		振動
		低周波音
		悪臭
		風害
	水環境	赤土等による水の濁り
		水の汚れ
		地下水の水質
		底質
		水象
	土壌に係る環境	土壌汚染
		環境
	その他の環境	電波障害
		日照阻害
生物の多様性の確保及び自然環境の体系的保全を旨として調査、予測及び評価されるべき環境要素	陸域生物	
	海域生物	
	生態系	
人と自然との豊かな触れ合いの確保を旨として調査、予測及び評価されるべき環境要素	景観	
	人と自然との触れ合い活動の場	
	歴史的・文化的環境	
環境への負荷の量の程度により調査、予測及び評価されるべき環境要素	廃棄物等	
	温室効果ガス等	

沖縄県環境影響評価技術指針(2013年)より作成。

5．宮古における環境アセスメントの対象事業

　先述のとおり、宮古では沖縄県環境影響評価条例による環境アセスメントとして、平成14年から県営畑地帯総合整備事業西原地区（農用地の改良）及び伊良部大橋橋梁整備事業（道路の新設）、平成20年から宮古島市ごみ処理施設整備事業（廃棄物処理施設の設置）の3件が実施されている(図1)。

　したがって、表3及び表4に示した調査がこれらの地域では行われている。開発事業の内容や事業実施想定区域の状況により、調査の項目や頻度などの調査内容には多少のメリハリがある。たとえば、内陸部の事業では、海域の調査が省略されるなどである。以下に生物調査について説明する。

　表4に示した陸域生物では、植物の生育状況と動物の生息状況を調査する。植物は維管束植物[4]の植生と植物相[5]を主に調査する。動物は哺乳類、鳥類、は虫類、両生類、昆虫類、甲殻類、魚類の生息状況を主に調査する。図1に示した3件の条例アセスメントの陸域調査では、植物や昆虫類は数百種

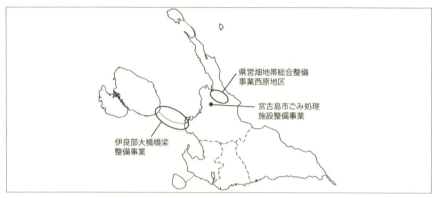

図1．沖縄県環境影響評価条例対象事業位置

の生物が確認されている例もある。また、専門の調査者が調査を行うと、近年では確認することが難しくなってきたサキシマバイカダ（写真1）やアシナガヌマエビ（写真2）などの種の存続への圧迫が強まっているような生物も確認されている。海域においても植物と動物の調査を行うが、図1に示した3件の条例アセスメントでは、海藻類やサンゴ類、魚類は、百種を超える生物が確認されている例もある。これらの調査以外にも陸域では蘚苔類や地衣類[6]、菌類（キノコ類）、ダニやムカデなどの土壌動物、クモ類、陸海問わず貝類や水

写真1．サキシマバイカダ
環境省のレッドデータブック及びレッドデータおきなわ共に準絶滅危惧（存続基盤が脆弱な種）に指定されている。（撮影：山川英治　沖縄県環境科学センター）

写真2．アシナガヌマエビ
環境省のレッドデータブック及びレッドデータおきなわ共に準絶滅危惧（存続基盤が脆弱な種）に、指定されている。（撮影：長井隆　沖縄県環境科学センター）

域ではプランクトンなどの調査も行われることがある。このように、植物と動物の調査だけに着目しても広範な項目の調査が事業実施想定区域及びその周辺も含めて行われている。さらに、環境アセスメントの特徴は、開発事業の実施（工事）前から工事中を含めて完成後（供用時）まで継続して調査が行われることである。したがって、数年あるいは十数年にわたる調査データが蓄積される。近年では、自然保護、環境保全に対する意識の高まりにより、法令に基づく調査の他に、地下ダムや農地整備、その他の小規模な開発事業においても事業の内容に見合った調査を事業主体が自主的に行うケースが増えている。

6．宮古における地下水調査
1）地下水調査の契機

　宮古島市は、生活用水及び産業用水（農業用水と工業用水）のほぼすべてを地下水に依存する全国でも稀な地域である。このため、宮古島市では市町村合併以前の1965年に旧宮古島上水道組合において全国初の地下水保全に関する条例を制定した。市町村合併後の宮古島市は、地下水を「公水」と位置付け、地域共有の財産であるという理念の下に地下水の保全や適正管理を行い、住民がその恩恵をより享受できるよう「宮古島市地下水保全条例」を2009年に制定した。宮古の人々にとって地下水は欠くことのできないものであり、その重要性は古くから認識されていた。しかしながら、水道水質の指標の一つである硝酸性窒素（次項で詳述）の地下水の値は1966年には1.92 mg/Lであったものが、1989年には8.9 mg/Lにまで上昇した［地下水の水質汚濁に係る環境基準（硝酸性窒素及び亜硝酸性窒素）[7]：10 mg/L以下］。このことが契機となり、宮古諸島の全域的な地下水水質調査が始まった。なお、地下水水量に関しては、宮古島の地下水は透水性の高い琉球石灰岩に賦存[8]しており、石灰岩層の基盤岩となっている島尻層群は、その上部のほとんどが海水面より高いため、不透水基盤として機能し、地下水貯留量は比較的豊富である。

　このような宮古独特の事情により、本書第1集から第3集においても地下水については多く取り上げられているのだと思う。宮古における地下水調査は農業（かんがい用水）、生活（特に水道水）及び環境監視の視点から数多く

行われているが、ここでは生活用水について取り上げる。生活用水に関わる地下水調査は、宮古島市により目的に応じていくつかの調査が行われているが、その中でも市全域の40地点以上（表5、図2）における硝酸性窒素及びイオン類の水質調査（表6）は20年以上継続して行われている。

表5. 宮古島市の地下水水質調査地点一覧

地下水流域名	観測点の名称	井戸深さ(m)	形態[※1]	地下水流域名	観測点の名称	井戸深さ(m)	形態[※1]
西平安名	狩俣中前井戸(スガミノカー)	3.6	開放井戸	砂川北	前井（D井戸）	4.8	開放井戸
	海業センター	不明	管井戸		砂川（酒造所）	不明	管井戸
西添道	成川ガー	-	洞穴泉	仲原	H17B-5	18.0	ボーリング孔
	西添道井戸	11.2	開放井戸		ムイガー	-	湧水
西原東	西原農業井戸	13.0	管井戸	福里北	97F31	16.8	ボーリング孔
東添道	袖山水源	35.0	管井戸		加治道水源	37.0	管井戸
	添道水源	59.0	管井戸	皆福北	皆福地下ダム(皆福58)	30.0	ボーリング孔
	ツガ井	-	湧水	保良	保良集落井戸	20.5	開放井戸
	砂川92S44	8.2	管井戸		福嶺小南（B-6）	18.9	ボーリング孔
白川田	白川田水源	-	湧水	吉野	保良ガー	-	湧水
	C井戸	2.9	開放井戸	東平安名	アブガー	-	湧水
	C沈砂池	-	排水路沈砂池		カカラシャガー	-	湧水
	H17B-1	16.0	ボーリング孔	山川海岸	山川湧水(ウプカー)	-	湧水
	H17B-2	14.0	ボーリング孔	比嘉東	按司の泉(アズヌガー)	-	湧水
	18B-1	11.0	ボーリング孔	新城北	新城湧水(プイキャー)	-	湧水
平良	ニャーツ水源	41.5	管井戸	来間	来間ガー	-	湧水
	西里（酒造所）	20.2	開放井戸	伊良部	伊良部着水井	-	受水施設[※2]
川満	咲田川	-	湧水		2号井戸	47.0	管井戸
与那覇	前浜井戸	5.6	開放井戸		6号井戸	50.0	管井戸
	与那覇の井戸	6.0	開放井戸		7号井戸	43.0	管井戸
嘉手苅	嘉手苅湧水	-	洞穴泉		10号井戸	54.0	管井戸
上野	アナ井	-	洞穴泉				
	キャーザ井	-	洞穴泉				

平成26年度宮古島市地下水水質保全調査報告書（宮古島市、平成28年3月）より作成。
流域及び観測点の位置は図2を参照。
※1　形態の定義：「開放井戸」竪井戸の一種でケーシング（孔壁崩落防止用保護パイプ）がないもの。「管井戸」竪井戸の一種でケーシングを有するもの。「洞穴泉」自然洞窟やその一部を掘削した内部に地下水面が現れたもの。ウリガーや洞井とも呼ばれる。「湧水」地下水が地上に湧出したもの。
※2　「伊良部着水井」は、伊良部流域内の10カ所の水道水源井戸から揚水された地下水が混合した水を試水（試験用の水）としている。

第6章　宮古における環境調査

図2．宮古島市の水質調査位置．
平成26年度宮古島市地下水水質保全調査報告書（宮古島市、平成28年3月）より作成。
観測点の井戸の深さ、形態は表5を参照。

表6．水質分析・測定等項目

陽イオン		陰イオン		その他	
ナトリウム	Na^+	リン酸	PO_4^{3-}	アルカリ度	
アンモニウム	NH_4^+	塩化物	Cl^-	電気伝導度	EC
カリウム	K^+	亜硝酸	NO_2^-	水素イオン濃度	pH
カルシウム	Ca^{2+}	硝酸	NO_3^-		
マグネシウム	Mg^{2+}	硫酸	SO_4^{2-}		
		炭酸水素	HCO_3^-		

2）水道水源の調査

　宮古島市の水道水は、伊良部大橋の開通により周辺の島々（大神島、池間島、伊良部島、下地島、来間島）を含めて、すべて宮古島の地下水を水源としている。宮古島の流域（地下水流域）は、表5及び図2に示したとおり20以上に区分される。これらのうち水道水源として利用されている流域は主に、白川田、東添道、福里北の3流域である。これら3流域は宮古島市地下水保全条例において水道水源保全地域に指定されている。

　水道水源の水質は、人の健康に関係するため、多くの調査が行われている。ここでは、農業の盛んな宮古島特有の項目として硝酸性窒素（宮古島地下水中の窒素成分には硝酸性窒素と亜硝酸性窒素があるが、硝酸性窒素濃度に比べて亜硝酸性窒素濃度は微量であるためここでは、亜硝酸性窒素を含めて硝酸性窒素と書くことにした。）に着目する。地下水への硝酸性窒素の混入は、人為的なものでは肥料、畜産排水及び生活排水の地下浸透が主な要因である。過剰な硝酸性窒素を含む水を飲用するとメトヘモグロビン血症[9]の危険がある。水道水源流域の調査地点である白川田（白川田流域）、袖山（東添道流域）、加治道（福里北流域）における硝酸性窒素濃度の推移を示す（図3）。地点（流域）別に濃度の推移を監視することにより、環境保全措置の効果の確認や今後の対策を検討することができる。

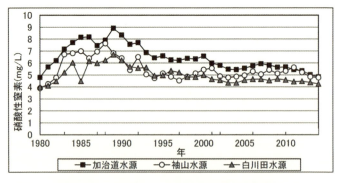

図3．調査結果（水道水源の硝酸性窒素濃度の推移）
　　平成26年度宮古島市地下水水質保全調査報告書（宮古島市、平成28年3月）より作成。

3）地下水の分類

調査結果のとりまとめの例として、ヘキサダイアグラムによる地下水の分類を示す（図4、図5）。ヘキサダイアグラムは、水平軸の中心より左側に陽イオン、右側に陰イオンを示し、上段にNa^+、K^+、Cl^-、中段にCa^{2+}とHCO_3^-、下段にMg^{2+}とSO_4^{2-}をプロットし、各イオン成分の当量値（単位を当量単位meq/Lで表した値）を結んだ図示法であり、地下水の特徴を視覚的にわかりやすく把握することができる。図5の調査結果を図4の地下水分類と参照すると、石灰岩地域の地下水の典型である「重炭酸カルシウム型」や海水の混入が示唆される「非重炭酸ナトリウム型」などが確認できる。このように地下水の組成を調べることにより地下水利用の目的に応じた適否や処理方法を知ることができるほか、経時的に調べることにより地下水の変化（汚染の有無）を監視することができる。

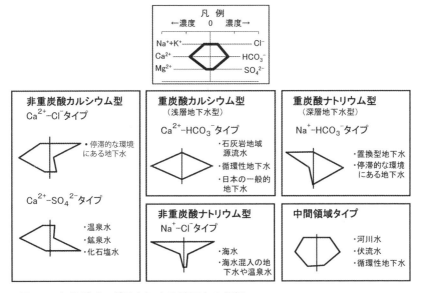

図4．ヘキサダイアグラムによる地下水の分類

新・名水を科学する（日本地下水学会、2009）及び継続監視している地下水のイオン成分の特徴－平成20年度－（沖縄県衛生環境研究所報第43号、2009）より作成。

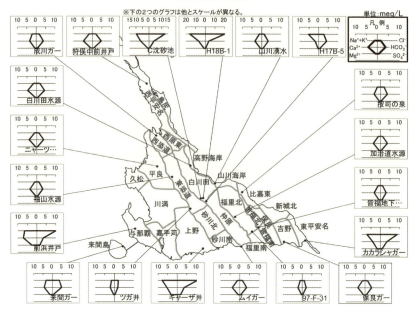
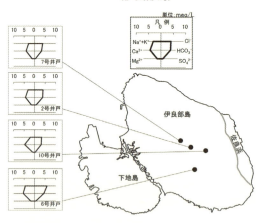

図5．調査結果（ヘキサダイアグラム）
平成26年度宮古島市地下水水質保全調査報告書（宮古島市、平成28年3月）より作成。

おわりに

　環境調査は、目的をはっきりさせた上で計画を立てて行わなければ、精度よく長期間継続して実施しても、使えないデータを集めることになりかねない。段取り八分とはよく言ったもので、環境調査は最初が肝心である。また、データの精度保証は調査者の資質による。調査者には、調査結果の信頼性の確保のため、新たな知見や技術を取り入れ、常に高い水準とすべき技術的能力はもちろんのこと、高度な倫理観も欠かせない。日々、研鑽に努めなければならない。

　本稿で紹介した環境調査は、数多くある調査の中のごく一部ではあるが、これまで専門の調査者には知られていても、一般の方々には馴染みの薄い調査や結果を取り上げたつもりである。宮古では多種多様な主体により、多種多様な調査が行われているが、それらすべてを把握している者はいないでしょう。この宝の山である今日に至るまでの宮古で行われた環境調査を何とか整理できないでしょうか。埋もれている資料、日の目を見ない資料、散逸のおそれのある貴重な資料があるかもしれない。

　そこで、最後に宮古の学生に提言をしたい。宮古の既往環境調査を一つ一つ拾いだしデータベース化できないでしょうか。データベースは、調査を対象、地域、時期、実施主体などにより抽出できるため、既往資料の解析を効率的に行うことができる。たとえば、宮古で多く行われている"生物"と"水"に関する調査を抽出し、それらの結果を整理すれば、時間的、地域的に点であった膨大な調査データが、線的、面的につながりを持つことになる。このことは、これから新たな調査を実地で行わなくとも、先人が行った調査の結果を収集・整理・解析することで、新たな知見を得られるかもしれない。あるいは、地域や項目などの調査の空白カ所がわかり、新たな調査の契機となるかもしれない。それほど多くの調査が宮古では行われているということである。一朝一夕にはいかないであろうが、新発見につながるかもしれないこの取り組みに宮古の学生に挑戦していただきたい！

引用文献（アルファベット順）

大城洋平・玉城不二美・渡口輝・井上豪・天願博紀・仲宗根一哉・金城孝一（2009）．継続監視している地下水のイオン成分の特徴－平成20年度－　沖縄県衛生環境研究所報第43号, 207-209.

太田英利（2014）．サキシマバイカダ　環境省（編）レッドデータブック2014－日本の絶滅のおそれのある野生生物－3爬虫類・両生類　株式会社ぎょうせい, 79.

沖縄県環境生活部環境政策課（2014）．環境アセスメント（沖縄県環境影響評価条例のあらまし）, 6-8.

環境省総合環境政策局環境影響評価課（2012）．環境アセスメント制度のあらまし, 1-5.

佐々木崇二（2009）．水質組成図の表示とその見方　日本地下水学会「新・名水を科学する」編集委員会（編）新・名水を科学する　技報堂出版株式会社, 7-12.

下地邦輝・島野安雄（2009）．沖縄県・首里城周辺の名水　日本地下水学会「新・名水を科学する」編集委員会（編）新・名水を科学する　技報堂出版株式会社, 185-192.

新村出（編）（2008）．広辞苑第六版　株式会社岩波書店, 624-625.

高村弘毅・河野忠（2009）．沖縄県・宮古島の名水　日本地下水学会「新・名水を科学する」編集委員会（編）新・名水を科学する　技報堂出版株式会社, 193-198.

当山昌直（2017）．サキシマバイカダ　沖縄県（編）改訂・沖縄県の絶滅のおそれのある野生生物第3版（動物編）－レッドデータおきなわ－　沖縄県, 209-210.

藤田喜久（2014）．アシナガヌマエビ　環境省（編）レッドデータブック2014－日本の絶滅のおそれのある野生生物－7　その他無脊椎動物（クモ形類・甲殻類等）株式会社ぎょうせい, 60.

藤田喜久（2017）．アシナガヌマエビ　沖縄県（編）改訂・沖縄県の絶滅のおそれのある野生生物第3版（動物編）－レッドデータおきなわ－　沖縄県, 327.

宮古島市（2016）．平成26年度宮古島市地下水水質保全調査報告書, 29-70.

宮古島市上下水道部（2011）．宮古島市の上下水道, 1-23.

脚注

(1) ふん便性大腸菌群数：人や動物の排泄物由来の大腸菌群であり、病原菌が含まれている可能性があるため、水質汚濁の指標となる。100mLあたりの個数により水浴場としての水質判定基準が示されている。

(2) 化学的酸素要求量（COD）：水中の有機物等汚染源となる物質を酸化剤で酸化するときに消費される酸素量であり、消費される酸素量が多いほど汚染物質の量も多い。海域や湖沼の有機物による水質汚濁の指標となる。

(3) 典型7公害：公害は環境基本法により、事業活動その他の人の活動に伴って生ずる相当範囲にわたる"大気の汚染、水質の汚濁、土壌の汚染、騒音、振動、地盤の沈下及び悪臭"によって、人の健康又は生活環境に係る被害が生ずること、と定義されており、この7種類が典型7公害と呼ばれている。

(4) 維管束植物：水分や養分の通路となる維管束と呼ばれる通道組織（篩部、木部）を有する

第6章　宮古における環境調査

シダ植物及び種子植物を言う。
(5) 植生調査、植物相調査：植生調査は、気候や地形、土壌などの条件により地域独特に形成される植物の集団である植生を類型化する。植物相調査は、特定の地域に生育する植物の種類組成である植物相について、生育する植物種をリスト化する。
(6) 蘚苔類、地衣類：蘚苔類はコケ植物のこと。地衣類は菌類と藻類の共生関係による複合体である。共に非維管束植物である。
(7) 硝酸性窒素及び亜硝酸性窒素：海域、河川、湖沼及び地下水の水質汚濁の指標となり、環境基準が設定されている。環境中に広く低濃度で分布しているが、人為的には肥料や家畜のふん尿、生活排水に含まれるアンモニウムの酸化により発生する。一度汚染されると自然には浄化されにくい。硝酸性窒素は体内で亜硝酸性窒素に変化しやすくなり、亜硝酸性窒素はメトヘモグロビン血症の原因となる。環境水中にはほとんどの場合、硝酸性窒素として含まれている。
(8) 賦存：ある資源について、利用の可否に関係なく、理論上はある量として存在していること。
(9) メトヘモグロビン血症：主に乳児を中心として血液の酸素運搬能力が失われ酸欠になる症状。高濃度の硝酸性窒素を含む水を摂取すると、貧血や頭痛、意識低下、呼吸困難等を発症する。

本会の創立20周年を祝う

「宮古の自然と文化を考える会」が創立20周年を迎えた。最初に創立以来事務局長として会をリードしてきた渡久山章さん、会報等のすべてを担当してきた本永清さん、会計・庶務全般を一手に引き受けて頑張ってくれた長堂芳子さん、初代会長の故平野伴さん、初代副会長の故与那覇哲義さん、そして会の存続に全力を傾注してくれている現会長の垣花豊順さんに心から敬意を表したい。

思い起こせば今から21年前の11月ごろに「宮古を深く理解し、語り、発信する会」のようなものを作ろうではないかということで平野、渡久山、久貝等を中心に最初の会合をもった。会の名前や会則をどうしようか、何回かの会合を経て1995年3月にスタートしたのがこの会である。会則は以下のようになっている。20年目の節目に会則をもう一度降り返ってみたい。

　　名称：この会は「宮古の自然と文化を考える会」と称する
　　会員：宮古に関心のある者、または本会の目的に賛同する者であれば誰でも入会できる
　　目的：この会は広く宮古の自然と文化に関する情報を交換し会員相互の知識を深め、より豊かで住みやすい宮古にするために下記の事業を推進する
　　　1) 隔月一回例会を持つ
　　　2) 会の目的に賛同する会員を増やす
　　　3) 年度終わりには年間活動状況報告書を出す
　　　4) その他

当初、「隔月一回例会を持つ」でスタートしたが事務局の仕事がハードになり物理的に難しいということもあって現在の年三回に落ちついた。今日までに約200人近い宮古と関わりのある人たちがそれなりの話題を提供した。しかも中身の濃い、宮古を再発見するような話題ばかりである。この例会に参加するたびに参加して良かった、宮古の良さがよく見えるようになった。宮古を故郷にして良かったと思うようにさえなった。それだけ知的好奇心を満足させたということである。

報告書については、これまでの講演の中身を濃縮した形で『宮古の自然と文化―躍動する宮古の島々―』という立派な本となって大好評を博している。第三集まで出版されている。ご苦労された事務局の皆さんには改めて感謝したい。

このように「宮古の自然と文化を考える会」は確実に着実に会則の目的に沿って一歩一歩前進し続けている。こういう小規模な会というのは往々にして10年前後で姿を消してしまうものである。しかし、20年も続いた。20年というと人間社会では成人の年齢である。ここまで来ればこれまで作り上げてきた軌道を等速運動で走り続けるにちがいない。まさしく「継続は力」の格言を証明したことになる。「宮古の自然と文化を考える会」に乾杯。そして創立20周年「おめでとうございます」。

（久貝勝盛）

第Ⅱ部

文　化

ヤマ（糸車）

第1章 宮古諸島における無土器期からグスク時代への移行

久貝 弥嗣 （宮古島市教育委員会主任主事）

久貝 弥嗣（くがい みつぐ）
1980.8.30 宮古島市久貝生まれ。琉球大学人間科学科卒業。考古学。「宮古のグスク時代の展開に関する一考察」他。

はじめに

　宮古島の考古学における大きな研究課題の一つとして、無土器期とグスク時代の関係性があげられる。無土器期とは、日本国内で宮古・八重山諸島にのみみられる先史時代の時代区分で、宮古諸島においては約2,900年前から1,900年前の年代幅で捉えられてきた。無土器期は、その名の示すとおり、土器を用いないという大きな特徴を有し、シャコガイを素材として作られた斧（以下、シャコガイ製貝斧）に代表される貝製品や骨製品を主な道具として使用している。このようなシャコガイ製貝斧は、フィリピンや太平洋諸島の遺跡からも出土が確認されており、これらの地域との関係性が深い文化要素を示している。一方、グスク時代は、概ね11世紀後半から16世紀に位置づけられ、中国との交易や、農耕、家畜などの生業が活発化し、按司などの階級社会が形成される時代である。前述した無土器期とグスク時代の関係性とは、この全く異なる文化要素をもつ2つの時代がどのように移行していったのかを考える問題である。

　この課題がクローズアップされたのは、2009年に石垣市において開催された沖縄考古学会総会である。本総会では、宮古、八重山諸島の先史時代からグスク時代までを対象とした研究報告が、両地域の研究者から報告された。その中で、砂辺和正氏は、宮古、八重山諸島の各編年案の比較を行い、宮古諸島の無土器期とグスク時代初期の間には900年の空白期間が存

在し、八重山諸島と異なる状況にあることが整理された。つまり、2009年の段階においては、宮古諸島においては、無土器期とグスク時代の間には900年の空白期間があり、直接的な結びつきが認められなかった。

　近年、この研究課題に関して島尻南嶺の長墓遺跡、友利元島遺跡、ミヌズマ遺跡などの発掘調査の成果によって新たな展開を迎えている。2012年12月から2013年1月にかけて発掘調査の行われた友利元島遺跡では、間層をはさみながらも5〜8世紀の無土器期の層と、11〜12世紀のグスク時代初期の埋葬人骨が検出された。無土器期とグスク時代初期の複合遺跡は、宮古島市内で初めての事例である。また、2012年から2014年にかけて発掘調査の行われたミヌズマ遺跡では、11〜12世紀のグスク時代初期の掘立柱建物跡や埋葬人骨が確認された他、13〜14世紀にかけての炉跡からは、オオムギ、コムギ、イネなどの農耕を示す植物遺体が検出されるなど、これまで以上に宮古島のグスク時代の社会性を示す発掘調査成果がえられている。

　このような新たな調査成果をうけて、宮古島市総合博物館では、第26回企画展「宮古人のルーツを探る part 2 〜先史時代（無土器期）の宮古〜」を2014年2月から3月の会期で開催し、期間中にはシンポジウム「宮古島の無土器期」も開催された。また、2014年11月には琉大史学会「宮古諸島をめぐる歴史・民俗・社会」が開催され、ミヌズマ遺跡を中心とした宮古の考古学調査の成果も報告されている（久貝2014）。

　そして2015年6月には、宮古島で初めとなる沖縄考古学会総会「いま、宮古の考古学が面白い！―無土器期からグスク時代への移り変わり―」が開催された（沖縄考古学会2015）。総会では、下地和宏氏が「宮古の無土器期・グスク時代の課題」と題して基調講演を行い、研究報告として、江上幹幸氏による「無土器期の位置づけ」、久貝弥嗣による「ミヌズマ遺跡・友利元島遺跡の調査成果に見る無土器期からグスク時代への変遷」、安斎英介氏による「宮古・八重山諸島における外来遺物の出土する無土器期の遺跡-鉄関連資料と開元通宝を中心に―」、菅原広史氏による「宮古島における脊椎動物遺体出土様相の変遷」、新里貴之氏による「宮古諸島土器出現期の様相―グスク時代初期の土器資料の分類・年代観―」の5本の報告

が行われた。また、紙上発表として千田寛之氏による「宮古島のグスク時代農耕試論」、大堀晧平氏による「宮古島　石の流通史―ミヌズマ遺跡出土資料を中心に―」が大会資料に掲載された。そして、これらの報告をうけて、山本正昭氏をコーディネーターに総合討論が展開された。非常に多岐にわたる研究分野から、無土器期とグスク時代の関係性について検討が深められ、宮古の考古学を考えていく中での現状における到達点の一つになったと考える。本稿では、これらの研究成果を踏まえ、現段階における宮古諸島の無土器期からグスク時代への移行という研究課題について整理を行っていきたい。

1．宮古諸島における無土器期遺跡
(1)無土器期の遺跡と立地

　これまで宮古島市内で、発掘調査が実施された無土器期の遺跡は、1983年の長間底遺跡（沖縄県教育委員会1984）、1987～88年の浦底遺跡（GusukubeTown1990）、2000～2006年のアラフ遺跡（アラフ遺跡発掘調査団2003）、2005年～2011年の島尻南嶺の長墓遺跡（長墓遺跡調査団2013）、2012～2013年の友利元島遺跡（久貝2013）の5遺跡があげられる。その他、貝斧などの無土器期の遺物が採取され無土器期の遺跡として報告されている遺跡は、14遺跡である（宮古島市教育委員会2007）。

　従来、宮古諸島の無土器期の代表的な遺跡の多くは、宮古島の東海岸線沿いに分布しているとされていた。これらの遺跡の立地は、砂丘地に形成され、礁嶺を有するイノーが形成される海域を前面に有し、後背地には琉球石灰岩と島尻層の不整合面を有する丘陵をもち、不整合面から湧き出る湧水が海へと流れ出で、海岸線にはビーチロックが形成されている。

　友利元島遺跡は、南海岸に位置する遺跡であるが、リーフを有する海岸と、砂丘に立地するという点において概ね前述した東海岸線の遺跡と同様の環境下に形成された遺跡として捉えられる。その一方で、島尻南嶺の長墓遺跡は、内陸部の丘陵の中腹部に形成された岩陰とその前面部に遺跡が形成されている。現在、このような立地をもつ遺跡は、島尻南嶺の長墓遺跡の

第1章　宮古諸島における無土器期からグスク時代への移行

みであるが、新たな無土器期の立地形態として重要な意味を有している。

　これらの宮古諸島の無土器期の遺跡からは、シャコガイ製貝斧を主要な遺物とすることが宮古島市内の無土器期の遺跡の最大公約数であるといえ、サメ歯有孔製品、貝小玉なども共通して出土する遺物である。そして、もう一つ重要な要素として、集石遺構があげられる。集石遺構とは、熱を受けて黒く変色したサンゴ石灰岩や、石灰岩の礫が一定の範囲内にまとまった状況で検出される遺構で、浦底遺跡やアラフ遺跡で検出され、無土器期の特徴的な遺構として捉えられている。アラフ遺跡では、宮古の無土器期の最古層の段階のBP.2800年代を示す、第Ⅶ層からも集石遺構が検出されている。集石遺構の用途としては、焼石調理法の痕跡と考えられ、調理方としては飯石蒸焼き、グリル、焼石包み込み調理、ストーン・ボイリングという4つの調理方法が考えられている。江上幹幸氏は、無土器期に最初に宮古島に移り住んだ人々は、当初からこの調理方法を知っていたと考え、宮古の無土器期における特徴的な要素であると指摘している（江上2015）。現在のところ、無土器期の中でも前半期に位置する浦底遺跡やアラフ遺跡からのみ検出されており、当該遺構が後半期の遺跡から検出されるかは、今後の発掘調査の成果をまちたい。

(2)宮古の無土器遺跡の年代観

　さて、先に少し触れることとなったが、無土器期遺跡の年代観について整理しておきたい。一般的に考古学における先史時代の遺跡の年代観については、土器の編年を基礎に行うことが多い。しかし、無土器期の遺跡からは、編年の対象とされる土器が出土しないことから、遺跡の年代を考えるうえで、C14年代測定に頼らざるを得ない。これまで、浦底遺跡やアラフ遺跡の年代測定結果からの、宮古諸島の無土器期は、約2,900〜1,900年前という年代幅で捉えられていた。しかしながら、友利元島遺跡の無土器期の層を示す第15層では、炭化物でcalAD589-655（2σ）、同じく炭化物でcalAD674-776（2σ）、魚骨でcalAD408-535（2σ）という3点の年代測定結果がえられており、概ね5世紀から8世紀の年代幅に位置づけられる。

また、長墓遺跡からも同等のＣ14年代測定値がえられている。

　この２つの遺跡の年代値は、従来の浦底遺跡やアラフ遺跡の年代観に比べ新しい年代値を示しており、無土器期とグスク時代の900年の空白期をうめるという点でも重要な意味を有する。総会の総合討論のなかでは、これらの遺跡の年代測定結果から、浦底遺跡、アラフ遺跡を無土器期の前期段階、長墓遺跡、友利元島遺跡を後期段階とすることが提唱された。無土器期の遺跡の年代差については、現状として放射性炭素年代測定の年代値をそのよりどころとするしかないのが現状であり、前期段階、後期段階と分けたその根拠は年代測定値によるものである。

(3)八重山諸島の無土器期との比較

　もう１点、同じ無土器期という先史時代を共有する八重山諸島との関係性について整理しておきたい。これまでの発掘調査の成果から両地域の無土器期の遺跡の様相には、いくつかの相違点をみてとることができる。その１点目として、出土の主体をなす遺物が異なっている状況があげられる。八重山諸島においては、石斧が最も多く出土するのに対し、宮古諸島においてはシャコガイ製の貝斧が主体をなしている。各遺物の機能論につ

浦底遺跡出土のシャコガイ製貝斧

いては、問題を残すものの、斧という同一種の製品に対して、それぞれ素材となるものに違いがある。これは、石斧の材料となる火山性の石材が八重山諸島で産出されるのに対し、宮古諸島にはこのような石材がないため、それに代わる素材としてシャコガイを用いたという両地域の地理的環境に起因するものであると考えられる。

　また、無土器期遺跡から出土する外来遺物にも相違がみられ、安斎英介氏によって整理・報告がなされている。八重山諸島の無土器期の遺跡である崎枝赤崎貝塚からは、中国唐代の開元通宝（621年初鋳）が一括資料27点を含む総計33枚の出土が報告され、仲間第一貝塚からは、裏面に「福」の字が記された「会昌開元」（845年初鋳）が１枚表面採集されている。宮古諸島においては、グスク時代の尻川遺跡より１点開元通宝の採集資料が報告されているものの、無土器期の遺跡からの出土はいまだない。これと同様の状況をみせるのが、鉄製品である。八重山諸島においては、船浦貝塚から鉄ノミが１点、仲間第１貝塚とカイジ浜貝塚から鉄釘が各1点、大泊浜貝塚からは、のみ鑿２点の出土が報告されている。いずれも出土点数こそ少ないものの、複数の無土器期の遺跡から鉄製品が出土する状況は一つの傾向としておさえることができる。ここで一つ留意すべきは、船浦貝塚のⅢ層の年代はBP.1330±70、仲間第一貝塚はBP.1210±110、1250±65、カイジ浜貝塚はBP.870±75、920±75という無土器期の年代幅でも比較的グスク時代に近い年代値を示している点である。これは、宮古と八重山諸島の無土器期の遺跡を比較検討するうえで重要な意味を有している。つまり、八重山諸島の無土器期遺跡の年代観は、宮古諸島における浦底遺跡、アラフ遺跡と比して新しい年代観を示し、近年新たに発見された島尻南嶺の長墓遺跡や友利元島遺跡と近い年代観を示している。長墓遺跡からも鉄の塊が１点出土しており、出土層の年代測定値としてBP.1740±25、BP.1450±20という結果が報告されている。出土しているのが、鉄の塊とされていることから、一概的に比較することはできないが、類似する年代観の無土器期の遺跡として今後の研究の一つの方向性をみてとることができる。

2．動物遺体にみる無土器期とグスク時代初期

　現在、900年の空白期間は、前述した島尻南嶺の長墓遺跡や友利元島遺跡の発掘調査の成果により縮まってきているが、その関係性については、依然として300年程の空白期間を有しており、直接的な連続性が認められた遺跡は皆無である。しかしながら、今回の総会では友利元島遺跡と、ミヌズマ遺跡の発掘調査の中で、動物遺体という新たな視点から、両時期の比較研究が菅原広史によって報告された。

　菅原氏は、5～8世紀代の友利元島遺跡の動物遺体と、11～15世紀前半代のミヌズマ遺跡の動物遺体の同定、分析を行っている。まず、友利元島遺跡の状況から整理していきたい。友利元島遺跡の5～8世紀の無土器期の層から出土する動物遺体は、9割以上がイノシシに同定されており、魚骨が非常に少ない。これは、無土器期の前半期がブダイ科を中心とする漁労中心の出土状況とは様相を異にするものである。しかし、友利元島の無土器期の層からは、シャコガイやサザエなどが多く出土していることから、サンゴ礁域での採集活動を行っていることはたしかである。しかし、それにもましてイノシシ骨が圧倒的な多数を占めている点は非常に興味深いとされている。さらにイノシシ骨については、以下の3点の特徴があげられている。1. 特定の四肢骨に打割痕とみられるスパイラルフラクチャーが高頻度で出現する。2. 一定年齢以下の個体に限定される。3. 雌雄比が、雄50、雌10の割合で出土しており、雄が多いことが指摘されている。1.の分析結果は、友利元島の人々が骨を打ち割るための定型的な技術を有していたことを示しており、骨を打ち割る理由としては骨髄利用が推察されている。次に2.と3.の状況は、自然環境下におけるイノシシの狩猟と比べ「不」自然な状態にあり、友利元島の人々がイノシシを人為的な管理下に置いていた可能性を示すものと考えられている。菅原氏の分析結果によれば、家畜化されたブタに見られるような骨の形態的な特異な変化は見られないとされている。

　つまり、これまでの無土器期の狩猟・採集の様相は、サンゴ礁域を中心とした魚や貝類の採取であり、イノシシの狩猟はこれに付随するように考

えられていたのに対し、友利元島の動物遺体の分析結果は、イノシシを人為的に管理することで狩猟よりも比較的安定した食料確保の技術を有し、動物遺体の主体がサンゴ礁域の資源からイノシシに大きくシフトしている状況がみてとれる。これは、無土器期の新たな文化の特徴として非常に注目される新たな視点であるといえる。

次に、ミヌズマ遺跡の動物遺体の分析結果から、グスク時代初期～前半期の食料事情について整理していきたい。まず、出土した動物遺体の圧倒的な中心はウシであり、その比率は約8割にものぼる。次いで、魚骨や鳥骨などがつづくが、イノシシ/ブタの明確な出土は確認されていない。前述したように、ミヌズマ遺跡の年代は、11世紀後半のグスク時代初期から15世紀前半までと比較的長い時間軸を有している。また、遺物の大部分が石積から採取された資料であることから、明確な時間軸を設定することが難しい。しかしながら、ウシ骨の年代測定値が概ね13世紀から15世紀を示していることから、グスク時代初期よりも一段階新しいグスク時代前半期の動物遺体の出土状況として捉えられることができる。

これらの状況から、直接的な無土器期との接点を示す状況ではないが、13世紀代のグスク時代前半期の動物遺体の中心は家畜としてのウシであり、5～8世紀代の友利元島の無土器期の様相とは全くと言っていいほど、動物の利用は異なる状況がみてとれる。家畜としてのウシの初現については議論の余地を残すが、少なくとも13世紀代の段階では、ウシが家畜として重要な位置を有していたことは確かである。友利元島遺跡と、ミヌズマ遺跡の間には時間的な空白がみられるため、直接的な比較を行うことはできないが、動物利用という点では、無土器期の後半段階からグスク時代前半期にかけて、イノシシからウシへの大きな変化が見て取れる。これは、当時の人々の生業を考える上で大きな違いであり、グスク時代初期から前半期にかけて生業の面でも大きな画期があったことを示す重要な分析結果であるといえる。

3．グスク時代初期～前期（11世紀～15世紀前半）の文化様相
(1)掘立柱建物跡

　11世紀後半～12世紀のグスク時代の初期は、先史時代において異なる文化圏に属していた宮古・八重山諸島が、沖縄本島と同一文化圏形成する大きな画期の一つである。この同一文化圏形成の根拠となるのが、滑石製石鍋、カムィヤキ、白磁玉縁碗の3種の遺物が共通して出土する状況である。グスク時代初期の遺物であるカムィヤキや白磁玉縁碗については、1980年代の野城遺跡や、高腰城跡などの発掘調査段階からも確認されており、1990～91年の住屋遺跡の発掘調査では、滑石製石鍋の出土も宮古島で初めて確認された。これらの発掘調査の成果から遺物の面においては、グスク時代初期において、九州及び沖縄諸島からの影響を受けた文化的画期が宮古島にあったことは定説化されているといえる。

　しかしその一方で、滑石製石鍋は住屋遺跡での出土事例に限られ、滑石製石鍋の関連遺物である滑石混入土器や滑石製石鍋模倣土器なども、宮古島内において遺物の出土量が少ない状況にある。また、宮古地域においては、グスク時代初期の遺物のみで構成される当該期の単純遺跡がこれまで確認されておらず、グスク時代初期の遺物は、13世紀後半以降に中心年代をおく遺跡から出土する状況にある。このことから、これまでグスク時代の初期の画期をもたらした人々が、どの程度宮古島に影響を与えたのかは不明で、筆者自身も比較的その影響は弱いのではないかと考えていた。

　しかしながら、ミヌズマ遺跡で検出された掘立柱建物跡群は、その状況を一変させたといっても過言ではない。ミヌズマ遺跡では、全体で33基の掘立柱建物跡が検出されており、その主体をなすのが4本柱と、6本柱から構成される掘立柱建物跡である。ミヌズマ遺跡では、地山まで耕作による撹乱を受けているため、明瞭な包含層が確認されていない。そのため、全ての掘立柱建物跡は、地山面で検出され、年代値については、放射性炭素年代測定や柱穴内の出土遺物を根拠とするほかない。放射性炭素年代では、SB7の柱穴内から検出された柱痕と思われる炭化物の年代測定値がcalAD 897～1021という結果がえられている。また、柱穴内の遺物の出土状

況としては、H25-A SB1において、柱穴から、白磁玉縁碗、滑石混入土器、カムィヤキというグスク時代初期の遺物が出土している。このような年代測定値や遺物の出土が明確にされている事例は限られるものの、概ねグスク時代初期に位置づけられる掘立柱建物跡群であることが想定される。

ミヌズマ遺跡出土の掘立柱建物跡（6本柱）

　沖縄諸島におけるグスク時代初期の掘立柱建物跡については、仲宗根求氏（仲宗根2004）、宮城弘樹氏（宮城2007）によってそのプランの類型が提唱されている。仲宗根氏は、読谷村における発掘調査の成果を中心として、12〜13世紀代の掘立柱建物跡の形態として「吹出原型掘立建物」を提唱している。「吹出原型掘立建物」とは、1棟の母屋（主屋）建物に1棟あるいは2棟の付随建物がセットになるいわゆる一世帯の建物配置とし、類型①〜④の類型模式図を提示している。ここでいう母屋（主屋）とは、長方形プラン（三間以上×二間以上）となり、屋内に二本対称の中柱（主柱）を有するものとしている。宮城氏は、このような中柱建物（宮城氏分

類Ⅱ類）＋推定倉庫（宮城氏分類Ⅳ類）のセットについて、貝塚時代の終焉とともに登場し、農地開発を目的とした集団による集落と考えられ、集落では現在のところ屋敷区画を明示するような遺構は皆無で、開削したばかりの土地周辺に畠や水田を開いた自衛意識に乏しい集落が展開していたものと考えられるとしている。

　ミヌズマ遺跡で検出された4本柱の建物跡は、平均して2.5m×1.7mの規格を呈し、6本柱の掘立柱建物跡は平均して3.6×2.1mを呈する。これは後兼久原遺跡（北谷町教育委員会2003）や、タシーモー北方遺跡（読谷村教育委員会2001）、小掘原遺跡（北谷町教育委員会2012）といった沖縄本島のグスク時代初期の遺跡から検出される4本柱や6本柱とほぼ同様の規格を呈し、非常に類似性の高い建物といえる。しかし、その一方で、中柱を有する母屋（主屋）に比定される掘立柱建物跡は、2基確認されるのみで、典型的な吹出原型掘立建物とは異なる様相もみられる。現段階において、共通点と相違点が確認され、明確な結論を導き出すことが困難な状況であるが、このような掘立柱建物跡という遺構面から宮古諸島と沖縄諸島の比較を行うことができたのは、ミヌズマ遺跡が初例であり、今後の事例の増加をもって検討が深められるテーマである。

(2)宮古島市内のグスク時代の土器の展開

　無土器期の遺跡からは、その名の由来のとおり土器の出土が確認されていない。これは、無土器期の文化層から明確な土器の出土が確認されていないことを示すものである。しかし、無土器期の遺跡においても、無土器期の文化層以外から土器が出土、採集される事例は報告されている。アラフ遺跡では、第Ⅲ層より2点、浦底遺跡おいても表面採集で得られた土器がそれぞれ報告されている。これらの無土器期の遺跡から出土した土器は、出土量が少なく、年代的な位置づけも難しいといえるが、浦底遺跡においては、口縁上端に横耳を貼付した土器がえられている。口縁上端に横耳を貼付する土器は、グスク時代の土器からは現在その出土がみられない。また、アラフ遺跡からは、緩やかに外反する口縁の土器がえられてい

第1章　宮古諸島における無土器期からグスク時代への移行

無土器期遺跡の景観（アラフ遺跡遠景）

る。これらの無土器の土器について、新里貴之氏は、口縁部を平坦に面取りする特徴は、八重山諸島との比較からすると新里村式土器とビロースク式の特徴であるため、滑石製石鍋模倣土器と野城式土器の間に存在する可能性が高いと考えるとしている（新里2015）。

　宮古諸島の無土器期の遺跡から出土する土器については、今後の資料の増加によりさらに研究が深められていくべき点であると考えるが、無土器期からグスク時代へ移行する大きな文化相の変革の一つが土器の出現であることはまちがいない。そこで、次にグスク時代初期の土器の様相について整理を行っていきたい。

　県内の発掘調査の事例から、グスク時代初期に位置づけられる土器の種類として、滑石製石鍋模倣土器や、滑石混入土器がある。滑石製石鍋模倣土器は、滑石製石鍋を模倣した土器で、口縁部に縦耳が2もしくは4つ付く鍋形の土器で、滑石混入土器も同様の鍋形の器形をなすものが多く、胎土に滑石が混入する土器である。宮古島市内では、滑石製石鍋の出土事例は住屋遺跡（平良市教育委員会1999）にみられるほどで、その出土量は非常に少ないが、滑石製石鍋模倣土器の事例もパナタガー嶺遺跡で2点見ら

153

れるのみである。滑石混入土器については、住屋遺跡、ミヌズマ遺跡など でみられるが、やはりその出土量は少ないといえる。しかしながら、少量 とはいえ県内のグスク時代初期の遺跡から共通して出土する土器が、宮古 島市内でも確認されるという点では重要な意味を有する。

　沖縄本島の事例を見るならば、滑石製石鍋模倣土器は、その特徴である 縦耳の形態が小型化し瘤状に簡略化する型式の変化が確認されているが、 宮古・八重山諸島においては、横耳へと変遷していく。この横耳を有した 鍋形の土器は、宮古諸島において野城式土器と称される。野城式土器の器 種は、鍋形が主体をなし、壺形、碗形が確認されている。鍋形の土器につ いては、器形復元されている事例が、高腰城跡出土の１例に限られてい た。高腰城跡出土の鍋形土器は、比較的器高の高い、寸胴型の器形を呈し ているといえる。この復元事例にも見られるように、宮古諸島出土の鍋形 土器の多くは、緩やかに外反する口縁形態を呈している。しかし、平瀬御 神崎の採取の土器には、明瞭に内面に稜を有るほど屈曲する事例の口縁部 の事例もみられ（久貝2012）、高腰城跡採集の土器にも類例が複数みられ る。また、わずかであるが、刷毛調整も確認されることから、八重山諸島 で確認されているビロースク式土器に類例するものと考える。さらに、今 回の沖縄考古学会の新里貴之氏の報告では、大嶽城跡、ミヌズマ遺跡出土 の鍋形土器の実測図も報告され、高腰城跡出土の寸胴型の鍋形以外にも、 やや器高の低い鍋形土器も紹介され、鍋形の器形にもバリエーションがあ ることが報告されている。

　野城式土器について、もう一点今後の研究課題についても触れておきた い。それが、野城式土器の壺形の器形についてである。壺形の器形は、高 腰城跡で分類、報告されている器形である。口縁の復元や、全体的な器形 が復元された事例はないが、鍋形の土器にはない口縁部の外反が強い土器 群が壺形として報告されている。筆者は、ミヌズマ遺跡出土の土器の整理 を行っている段階であるが、現在のところの明確に壺形に分類される器形 がみられない。その一方で、甕形に分類した土器が確認された。甕形の土 器については、その器形が明確に確認される資料がないため、今後に議論

の余地を残すものと考えられるが、口縁部の屈曲が非常に強く、頸が短いという特徴を有している。管見の限りでは、高腰城跡出土の壺形土器についても同様の傾向がみられる。この器形の分類については、沖縄本島のグスク時代初期に出土する甕形土器との関連性が高いと考えられ、滑石製石鍋模倣土器とともに、グスク時代初期の宮古島に出現した土器であると考える。その一方で、壺形の土器が出現するのは、15世紀前半以降の段階で、外間遺跡や住屋遺跡、友利元島遺跡などの調査事例からみると15世紀中頃の段階には、土器の器形の主体は壺形へと移行する状況がみてとれる。このような土器器形の構成の変遷を考える上でも、野城式土器の壺形と甕形という分類は非常に重要な意味を有している。

(3) 植物遺体の研究

　動物遺体の研究と同様に、植物遺体の研究は農耕という生業活動を考える上で非常に重要な意味を有している。無土器期には認めない、グスク時代の大きな変化の一つに農耕があげられる。

　宮古島市内では、これまで住屋遺跡（俗称・尻間）において、グスク時代の農耕穀物としてのムギ、マメ、イネが検出されており、根間・西里遺跡ではプラントオパールの分析、外間遺跡においてはフローテーションを用いた植物遺体の検出作業と年代測定分析が行われている。これらのことから、宮古諸島におけるグスク時代の農耕は、オオムギやアワが生産の主体となり、コムギ、イネ、マメ類などの穀物が栽培されていたことが確認されてきている。そして、沖縄考古学会総会では、千田寛之氏によってミヌズマ遺跡の炉跡から検出された植物遺体に関する紙上報告が行われた。速報ではあるが、オオムギが最も多く、コムギ、アワ、マメ類が報告されている（千田2015）。オオムギが多いという点では、従来の状況と同様で、宮古諸島における主要作物であることが再確認された結果といえる。オオムギと、コムギについては、各2点ずつ年代測定分析も行われており、補正年代でオオムギがBP680±30、BP630±20、コムギがBP610±20、BP660±30という結果がえられている。同一の炉跡から検出された穀物で

あるため、近似した年代測定の結果を示しており、13世紀末から14世紀初頭に位置づけられている。この年代測定値は、現段階における宮古諸島における農耕穀物の最古の年代測定値を示しており、少なくとも13世紀末から14世紀初頭においては、オオムギを主体にした農耕が展開されていたことを示している。ミヌズマ遺跡においては、農耕を示す事例がこの炉跡の一例のみに限られているため、グスク時代初期の農耕の遺構は確認されていない。今後の新たな発見により状況は変化することは考えられるが、現況としては、13世紀末から14世紀初頭が農耕の開始期として捉えることができる。

4．今後の課題と期待

　2015年度の沖縄考古学会での研究報告の事例をふまえ、近年の宮古諸島における無土器期からグスク時代への移行について整理をおこなってきた。これまで述べてきたように、従来の発掘調査の成果のみに限らず、外来遺物（鉄製品、開元通宝）、動物遺体、土器、植物遺体、石器・石材という多様な視点と、県内外の研究者から研究が深められてきている点は、宮古諸島の考古学研究を推し進める上で非常に有意義なものである。

　今回はテーマとして取り上げられなかったものの、出土人骨にみる形質人類学の視点からも、同問題に関する研究を深めていくことができると考える。無土器期遺跡からの人骨の出土は、長墓遺跡から確認されているものの、断片的な出土で、いまだその全体像が判然としていない。この点においては、研究対象となる資料不足の感は否めないが、グスク時代初期の埋葬人骨については、友利元島遺跡より2体、ミヌズマ遺跡から1体と新しい出土成果もえられている。宮古諸島は、八重山諸島とならび、グスク時代における埋葬人骨の出土事例が非常に多く報告されている。しかし、宮古諸島においては、住屋遺跡や外間遺跡の事例にみられるように、グスク時代のなかでも、14世紀から16世紀という年代観で捉えられており、グスク時代初期の人骨の出土事例というのがえられていない状況にあった。そのような状況にあって、友利元島とミヌズマ遺跡で出土した計3体の埋

第1章　宮古諸島における無土器期からグスク時代への移行

友利元島遺跡第2号人骨

葬人骨は、宮古諸島のグスク時代初期の埋葬人骨という点で、重要な意味を有しており、今後資料整理を進め、その形態を復元していくことで新たな成果が得られることに期待がかかる。

　これまで述べてきていたように、宮古における無土器期とグスク時代の文化様相は全く異なる。無土器期の文化の源流についてはいまだ定説をみないが、縄文・弥生文化の影響の全く及ばない地域として南方地域との関連性の高い文化であるといえる。この異なる文化圏を一変させたのが、11世紀末から12世紀にかけて訪れた九州や沖縄本島など北からの文化の流入であった。おそらくは全く異なる文化を有していた集団が、どのようにして同じ島の中で文化を形成していったのか、もしくは2つの集団に接点は全くなかったのか大きな考古学の謎である。2015年度に行われた沖縄考古学会総会は、この問題に少なからず近づくことができたと考える。今後も、多くの研究者と意見を交わしていくとともに、宮古の考古学、歴史学に興味を持って下さる方が増えていくことに期待したい。

日本・沖縄・宮古・八重山考古編年、略年表

日本本土	沖縄諸島	宮古諸島	八重山諸島	年代	宮古の遺跡と主なできごと	八重山の遺跡と主なできごと	日本本土・沖縄諸島の遺跡と主なできごと
旧石器時代	旧石器時代（後期更新世）	旧石器時代（後期〜更新世）		32,000年前			山下町第一洞穴（那覇市）
				26,000年前	ピンザアブ洞穴		
			旧石器時代（後期更新世）	20,000年前		白保竿根田原洞穴（石垣島）	
				19,000年前		白保竿根田原洞穴（石垣島）	港川フィッシャー（八重瀬町）浜北人（静岡）
				18,000年前			
				15,000年前		白保竿根田原洞穴（石垣島）	下地原洞穴（久米島）
縄文時代	？	？	？	12,000年前			縄文時代のはじまり
	早期			8,800年前	ツヅピスキアブ（Ⅳ-1・2層）		
	前期			6,600年前			渡具知東原遺跡（読谷村）
	中期		下田原期（前期）	4,200年前	添道遺跡（多良間島）	ピュウツタ遺跡（石垣島）	
				3,900年前		大田原遺跡（石垣島）	
				3,550年前		下田原貝塚（波照間島）	
		無土器期	無土器期（後期）	2,900年前	**アラフ遺跡（Ⅶ層）**		
弥生時代	貝塚時代			2,800年前	**アラフ遺跡（Ⅳ層）**		
				2,500年前	浦底遺跡（Ⅴ層）	名蔵貝塚群・Ⅱ層（石垣島）	弥生時代のはじまり
				1,900年前	**アラフ遺跡（Ⅲ層）**		
				1,800年前	浦底遺跡（Ⅲ層）	カイジ浜貝塚・4層a（竹富島）	
古墳時代				1,700年前		大泊浜貝塚・10層（波照間島）	古墳時代のはじまり
				1,500年前	南嶺の長墓遺跡	大泊浜貝塚・11層（波照間島）	
奈良時代					友利元島遺跡・15層	カイジ浜貝塚・5層（竹富島）	
		？		710年			平城京遷都
平安時代				794年			平安京遷都
			新里村期	（11世紀）	友利元島遺跡・13層	大泊浜貝塚（波照間島）新里村東遺跡（竹富島）	
鎌倉時代	グスク時代	グスク時代		（12世紀）	住屋遺跡・ミヌズマ遺跡		
室町時代				（13世紀）	野城遺跡・高腰城跡	ビロースク遺跡（石垣島）	鎌倉幕府の成立
				1317年	婆羅公管下密牙古人		
			中森期	1390年	与那覇勢頭豊見親中山朝貢		
安土桃山時代				1500年	八重山アカハチ事件		
江戸時代				1609年	薩摩の琉球侵略		
	近世琉球		パナリ期				

※宮古島市総合博物館2014年シンポジウム『宮古島の無土器期-資料集-』を参照し作成

第1章　宮古諸島における無土器期からグスク時代への移行

参考文献

アラフ遺跡発掘調査団 2003年『アラフ遺跡発掘調査研究Ｉ』六一書房

江上幹幸　2015「無土器期の位置づけ」2015年度沖縄考古学会総会『いま、宮古の考古学が面白い！－無土器期からグスク時代への移り変わり－』沖縄考古学会

沖縄考古学会　2015年度沖縄考古学会総会『いま、宮古の考古学が面白い！－無土器期からグスク時代への移り変わり－』

沖縄県教育委員会　1984年『長間底遺跡』沖縄県文化財調査報告書第56集

久貝弥嗣　2012年　第2章第3節宮古諸島の無土器遺跡とグスク時代『先島地域における先史時代の終焉とスク遺跡出現に関する研究』第39回（平成22年度）三菱財団人文科学研究助成人文科学－31（研究代表者：宮城弘樹）

久貝弥嗣　2013年「宮古島のグスク時代の様相」第6回鹿児島県考古学会・沖縄考古学会合同学会研究発表会資料集『鹿児島・沖縄考古学の最新動向』

久貝弥嗣　2014年「ミヌズマ遺跡発掘調査からみた宮古のグスク時代」琉大史学会第47回発表テーマ　琉大史学会

久貝弥嗣　2015年「ミヌズマ遺跡の発掘調査のもたらした宮古のグスク時代の新展開と今後の展望」『琉大史学』第17号　琉球大学史学会

新里貴之　2015年「宮古諸島土器出現期の様相－グスク時代初期の土器資料の分類・年代観－」『2015年度沖縄考古学会総会『いま、宮古の考古学が面白い！－無土器期からグスク時代への移り変わり－』沖縄考古学会

千田寛之－2015年「宮古島のグスク時代農耕試論」2015年度沖縄考古学会総会『いま、宮古の考古学が面白い！－無土器期からグスク時代への移り変わり－』沖縄考古学会

北谷町教育委員会　2003年『後兼久原遺跡』北谷町文化財調査報告書第21集

北谷町教育委員会　2012年『小掘原遺跡』北谷町文化財調査報告書第34集

仲宗根求　2004「グスク時代開始期の掘立柱建物についての一考察」『グスク文化を考える』今帰仁村教育委員会（編）新人物往来社

長墓遺跡調査団（編）　2013年『南嶺の長墓遺跡調査研究Ｉ』西九州大学持続的環境文化研究所

平良市教育委員会　1999年『住屋遺跡』平良市埋蔵文化財調査報告書第4集

宮城弘樹　2007年「沖縄諸島におけるグスク時代建物跡の変遷について」『南島考古』No.26沖縄考古学会

宮古島市教育委員会　2007年　宮古島市が誇る宝〈文化財〉の散策マップ

読谷村教育委員会　2001年『タシーモー北方遺跡』

The Gusukube Town Board of Education 1990『A sketch of the Excavation in Photographs』

第2章　宮古三題

仲程　昌徳（元琉球大学教授）

なかほど まさのり
仲程 昌徳

1943.8.1 テニアン島カロリナス生れ。法政大学大学院修士課程修了（文学博士）。沖縄近代文学。『沖縄近代詩史研究』『新青年たちの文学』『「南洋紀行」の中の沖縄人たち』ほか。

宮古には、1960年の末頃から、何度も足を運びました。平良の港から市街に出る坂道を上っていく途中、漲水神社の近くに日の丸旅館といったかと思いますが、旅館があって、そこに何度も宿をとりました。当時池間島に渡るには、狩俣から船を利用していましたが、その渡し船が、田端義男の歌を流していて、郷愁を誘われたりしたものです。

池間で鰹節工場の跡だという場所にたたずんだこと、佐良浜で、昼に、落花生の入った油味噌、もずくの酢の物を戴いた時、おいしいというと、びっくりするほどの量の落花生入り油味噌ともずくを、運んできてくださったこと、などなど、いろいろありました。

さすがに今はなくなりましたが、若い頃は、お前は、牛乳屋の仲程だろう、郷友会の運動会があるから参加しろという電話があったりしまして、とまどったりしたこともあります。

今回は、宮古について見知ったことのうち、精選して三つ、宮古三題として、まとめることにしました。

清村泉水の大長編詩「敗将の娘」

「敗将の娘」は、大正8年(1919)5月5日から6月5日まで4回にわたって『先島新聞附録宮古号』に掲載されたものであります。作者は、清村泉水。

清村の「敗将の娘」は、「仲宗根豊見親与那国攻入のアヤゴ」「鬼虎の娘のアヤゴ」「可憐なる鬼虎の娘を歌ひしアヤゴ」等を下敷にして作られたものであります。
　「アヤゴ」については、『宮古史伝』や『南島歌謡大成　宮古編』をご覧になっていただきたいと思いますが、清村が、宮古に伝わる歌謡を、新体詩に転じてみようとしたその着想には、新鮮なものがありました。
　そしてそれは、郷土の歌謡を見直すといった気運がなければ生まれてくるはずのないものであったと思われます。
　郷土の文化、風物を見直すような気運が、大正7年(1918)になると出てきていたことを証するものがあります。
　大正7年9月15日、『先島新聞附録宮古号』48号を見ますと、「懸賞文芸募集」の見出しで、つぎのような記事が出ていました。

　　　　前の毛の夕景並に布干堂の夕景、何れか一題を寄稿して下さい。当選者には賞品を与えます。但し三名に限る、記載するのは皆の文に致します。
　　　文芸家諸君健筆を振るって寄稿して下さい。

　大正8年1月1日元旦、第58号「文芸欄」には、「懸賞文芸募集」で入選した城辺濱川生の「前の毛」「布干堂」二編が掲載されています。二編は、ともに名所案内的な稚拙な作品でしたが、素材を島内にもとめるというかたちの文芸募集は、表現を志す者たちの目を、島内に向けさせるものになったに違いありません。

　濱川生は、「前の毛」を、「眺めのよき前の毛」と繰り返し、また「布干堂」を「家を興して人々の、鑑となれる仲宗根の、豊見親の功、残りける」と歌っていました。濱川生の作品から分かりますように「懸賞文芸募集」の課題は、宮古の風土、歴史をそれぞれに代表するものが選ばれていたことが分かります。

清村の「敗将の娘」も、仲宗根豊見親と関係するものでした。そこから「敗将の娘」も「懸賞文芸募集」に応じるかたちで書かれていたとするわけにはいきませんが、素材を島内の歴史に求めるという事では、無関係であったとはいえないはずです。
　「敗将の娘」が生まれてきた要因は、そのように、「懸賞文芸募集」と無関係ではなかったといえるかと思いますが、しかし、何故、清村は、仲宗根豊見親の偉功をたたえたアヤゴ「仲宗根豊見親主長となりし時のアヤゴ」や「仲宗根豊見親初めて年貢を捧げて上国せし時のアヤゴ」ではなく、「鬼虎の娘」を歌ったアヤゴを素材にして「哀歌」を作ったのだろうかという疑問は残ります。

　そこから調査・研究の楽しみと言ったような素地が出てくるのですが、清村が「敗将の娘」の想を得た一つには、伊波普猷の「八重山乙女の叙情詩」があったのではないかと考えられます。伊波の論考が発表されたのは明治38年(1905)、「可憐なる八重山乙女」に改題され「琉球新報」に再掲載されたのが明治42年(1909)、そして明治44年(1911)刊行された『古琉球』に収録され、大正5年(1916)にはその再版が刊行されています。
　伊波はそこで、

　　　宮古島にかういふ詩歌のあるのが既に奇であるのに、和漢の文学に於て左程発達しなかった史詩（エピック）がこゝで可なり発達したのはいよ＼／妙である。400年前に八重山を平定した仲宗根の豊見親の生涯を歌ったアーゴのごときは（勿論数人の手になったとはいへ）実に勇ましい長編の史詩である。八重山征伐のアーゴだけでも52ラインある。これは宮古島のために特筆大書すべきことではあるまいか。アーゴは兎に角宮古島の精神的産物である。宮古島の特徴を知ろうとする人はアーゴを一瞥すべきである。

と書いていました。

第2章　宮古三題

　伊波の論は、「八重山乙女のアーゴ」を取り上げ、日本文学で発達しなかった「史詩」(エピック)が、宮古でかなり発達したといい、「宮古八重山を野蛮島とのみ考えている人は、その考えを訂正すべきである」と説き、論の最後を「王朝時代の言葉を用いて、苦心して作った新体詩人の作よりも、その方言を使って容易く歌った八重山乙女のアーゴが天真爛漫である」と結んでいました。

　清村は、伊波のこの論を読んで大いに勇気づけられたのではないかと思います。そして「宮古の精神的産物」であるアーゴに目をつけるとともに、伊波がその「精神的産物」の数多くあるなかから「八重山乙女のアーゴ」を取りだしてきたように、清村も、伊波にならって「鬼虎の娘」をうたったアーゴを選んだのではないでしょうか。そこには、清村が、伊波よりも、宮古の歌謡については、より自分が精通していると云った自負もあったはずです。
　清村の自負云々はともかく、伊波の「アーゴ」について書いた論考が、清村に「敗将の娘」の想を与えたのではないか、というのが一つありますが、他にも、ないわけではありません。
　これは、随分以前のことになりますが、明治32年(1899)『学窓余談』という雑誌に、岩野泡鳴という明治の文豪が発表した「宮古島もの語──嘉播の親」と題した大長編詩があります。「宮古島もの語──嘉播の親」は、『宮古島旧記』に見られる「西銘嘉播の親、長井の里の真氏を娶る事」および「嘉播の親の子供三兄弟不幸の事　附孝女二人父を迎えし事」を素材にしたものでした。
　『宮古島旧記』の記録は、三人の兄弟が、海上で父親を殺そうと謀り、その計略はまんまと成功したかに見えたが、父親は蠏に助けられ、難をのがれ、逆に親不孝者の三兄弟が誅せられたというもので、それはまた『雍正日記』の中にも「仲宗根豊見親の子孫は今にいたるまで蠏を食わないわけについて」として見えているものです。
　清村は、どこかで、『学窓余談』を見たのではないでしょうか。そこか

らのことは、与謝野鉄幹を先導に、明治文壇を席巻した「空前の叙事詩時代」と関わりがあるもので、専門的な長い話になりますので割愛させていただきますが、いずれにせよ、明治の鬼才岩野泡鳴が、宮古の伝説を下敷きにして長編詩を書いていたことは注目に値することでありましたし、清村の詩がそこにつながっていることは無視できないことだと思います。

　また、清村が、「敗将の娘」の想を得たことについては、あと一つ、見落とすわけにはいかないことがあります。

　清村が「敗将の娘」を発表した前年の大正7年には、世禮國男が「琉球の小唄」として、「琉歌」を翻案して、標準語詩にしあげて『現代詩歌』という雑誌に発表していました。それからしますと、清村に影響を与えたのは世禮であったということが事実に近いようにも見えます。

　清村の詩「敗将の娘」について、いろいろ見て参りましたが、大切なことは、そのような影響関係ではなく、大正8年には、宮古の歌謡に材をとった作品が生まれていたということであります。

　繰り返しになりますが、それは、宮古の文化、伝統への関心を呼び興すものになっていったのではないかと、いうことです。

　宮古の文化、伝統への関心ということでは、「水納の入墨」があります。宮古三題の2ということになります。

水納の入墨

　昭和6年(1931)、小原一夫は、宮古島に渡ります。そこで、島伝いに八重山にわたる計画をしますが、颱風に遇い、仕方なく、宮古本島で、多良間の人で入れ墨（ハジチ、ピズツク）、をした人がいないかどうかを尋ね回り、やっと、一人、男の子をつれた容姿端麗な婦人をみつけます。彼女の入れ墨は、変化にとんだもので、小原を驚喜させます。

　颱風は去ったものの、多良間に行く船はなく、小原は、しかたがないの

で八重山にわたり、多良間行きの船を待って、やっと多良間に渡ります。そこで、多くの入れ墨文様を採集することができたのですが、彼が、宮古本島で採集した婦人の入れ墨とはことごとく異なっていました。そのわけを聞きますと、それは多良間の入れ墨ではなく、水納の入れ墨だということで、小原は、さっそくクリ船をやとって、水納に渡ります。

　小原は、水納島で、61歳になる女性の入れ墨を写生するのですが、その女性に、他の島の入れ墨はどんなものかと問われ、小原は、写生してきた数十枚を見せます。女は、嬉しそうに一枚一枚めくっていくのですが、そのうちの一枚をとりあげ、大声をあげて泣き始めたのです。女性は、小原の採集用紙の文様を手でなで、胸にかきだき、そして頰ずりをしたのです。

　案内してくれた船頭の話によると、と小原は書いていますが、その文様は、十数年前、好きな人とひそかに島をぬけだしたまま、行くえの知らない娘のものであるという。小原は、そこで、泣き暮れる女に、娘は元気そうであったこと、男の子がいたといったことを話して、なぐさめます。

　小原は、船頭にうながされて、女にいとまを告げることになりますが、女との別れの模様を、次のように書きとめていました。

　　　線香を砂浜のもの陰に立った石の「オガン」に一束たてて旅路の無事を
　　祈ってくれた老婆は、「サザエ」を茅の茎に差し連ね遠火にくすべた二串
　　を土産にと私に呉れて、片手を船ばたにかけ着物のまま船の進むにつれて
　　ザブザブ胸のあたりまで海中にはいってきて別れを惜しんだ。手を離すと
　　きに、懸命な声で「先生！アッ！」「先生！アッ！」と幾度も言葉になら
　　ぬ別れを告げるのであった。娘とまたこの世で会わせてくれた不思議な縁
　　を持った男とも思い、或いはまた娘の婿と会っているような気にでもなっ
　　たのではあるまいか。他人事とは思われない感情でいることが私にもひし
　　ひしと感じられた。

　小原を見送る、女の様子が点綴された、忘れがたい文章の一つでありま

す。旅路の無事を祈って「オガン」に線香をたててくれたこと、二串のサザエを土産に持たしてくれたこと、ザブザブと胸のあたりまで海中に入ってきて別れを惜しんでくれたことといい、胸のつまるような思いをさせる光景を記述していますが、私には、とりわけ「先生！アッ！」「先生！アッ！」という、女の言葉にならない声が、胸に響いてきます。

そこから、言葉の問題が浮上してくることにもなります。それは老婆の話が、船頭を通じてなされていたということから出てくる問題で、多良間の言葉では、多良間の言葉などわかるはずもなかった旅の男に、思いのたけを話すことなどできるはずもなかったのです。「先生！アッ」というのがやっとであったといっていいでしょう。

これは良く知られているように、多良間の人は、宮古本島に出て、平良の言葉を習い、沖縄本島に出て、首里の言葉を習い、東京に出て、標準語をならったというように、言葉の三重苦、四重苦を味わったとされます。そのような言葉の問題を、小原と女性との別れの場面は、浮き立たせたものでもありますが、そのことはともかく、入れ墨の話にもどります。

小原の写生帳を見て、女は、その一枚が、すぐに娘のものであるとわかったように、親と子を結ぶ強い絆ともなっていた入れ墨が、やがて、次のようになっていきます。

　　友達は母を此方へ呼んで、大島紬の商売でもやりたいと思うけれど、あのいれずみがねエーと思案顔だった。いれずみではどの家庭も困らされた。稼ぎためた金で、息子を幾人も高等教育受けさせた所で、母は手の甲にしみついたいれずみのために、死ぬまで故郷に置き去られねばならなかった。ひどいのになると、孫の顔も知らずに死んでしまうのである。息子達が出世すればする程、その母は此の故郷と云うほんの少し自由のきく座敷牢の中に僅かなあてがいぶちで押し込まれねばならないのだ。

これは昭和7年(1932)『婦人公論』に掲載された久志富佐子の「滅びゆく琉球女の手記」にみられるものです。

昭和6年、小原が南島の入れ墨をもとめて水納を訪れ、女性と対面した翌年には、このような文章が書かれていたのです。
　「入れ墨禁止令」が出されたのが明治32年（1899）。「日清戦争後、風俗改良運動が進展するなかで禁令がだされ、県人の海外移住者のあいだでは他府県人に差別される理由の一つにハジチをあげ、ハジチをした婦人を沖縄に送還したことがあった」（平敷令治）ともいわれるように、入れ墨は、禁止されたばかりでなく、昭和期に入ると、「差別される理由の一つ」になっていくのです。
　それからしますと、小原は、禁止され、差別される対象になったものを求めて、水納までやってきていたといえるのですが、それは、しかし、奇習を求めてやってきていたわけではないはずです。大変な思いをしながら、よくそれに耐えたのは、滅んでゆくものを滅んで行くままにしたくない、というだけでなく、そこに、人々の生活を支えていた文化のありようをみていたからなのではないでしょうか。

　近代化することによって、失われていった習俗、文化伝統といい替えることもできるかと思いますが、文化伝統を、どう見つめ直していくか、宮古の離島のそのまた離島である、水納島の入れ墨に関する小原の文章は、私達に大切な問題を投げかけていました。

　入れ墨ゆえに確認できた情愛の深さとともにそれが禁令になり、さらには差別の対象になっていった歴史もそうですが、とりわけ、船端をつかみ、胸まで浸かって旅の者を見送った老婆の姿、魂といってもいいかと思いますが、その魂のありかについて、何度も立ち返ってみる必要があるように思います。

宮古三題の三題目に移ります。「墓守」たちについてです。

墓守

　沖縄の戦後の文学は、太田良博の「黒ダイヤ」にはじまるといわれています。それを戦後の文学の始めだとするのは、戦後最初に発表された作品だということからではなく、沖縄の戦後的情況が生み出したものであるという認識によっていたのではないかと思います。

　「黒ダイヤ」は、インドネシアの独立戦争を扱った作品でありますが、占領下にあって人権も何もない沖縄の情況で夢見られたものであるとして、戦後の沖縄文学の出発を飾るに相応しい作品だとみられたのではないでしょうか。

　沖縄の戦後文学の出発についてはともかく、「黒ダイヤ」は、インドネシアの独立戦争を背景に、「黒ダイヤ」のような瞳を持った少年を主人公にし、その少年によせる万感の思いとともに、独立戦争への憧憬を描いたものでありました。

　「黒ダイヤ」の作者、太田良博もそうですが、第二次世界大戦で、インドネシアに派兵された沖縄の人は、少なくありません。「陸軍から東京と九州の人はインドネシアへ行くようにいわれ、逓信省から57人が派遣されました。そのうち7人が沖縄の人でした」といった証言や、昭和17年（1942）7月「ジャワ派遣軍、海8942部隊へ配属になりました。本部はスマランでしたが、私たちはレンバンの海岸警備と治安維持にあたりました」といった証言などからわかりますように、沖縄出身兵士たちが、多数、インドネシアに渡っていたのです。そのなかの一人に宮古出身の方がいました。

　平成15年（2003）10月16日付き『宮古毎日新聞』は、「日本領事館誘致にも尽力　平良出身の平良定三さん来島」の見出しで次のような記事を出していました。

　　「故里はなつかしい。昔の面影はほとんどなくなったが、古い張水神社は覚えていた。また来たい」。旧日本兵でインドネシアのバリ島に住む、

平良出身の平良定三さん(82)は、先祖供養の四泊五日の旅を終え、15日帰路についた。(中略)
　太平洋戦争中は、陸軍に従軍し、1945年ティモール島で終戦を迎えた。同年から、インドネシアの独立戦争に参戦、同戦争後の50年、バリ島でプトゥ・マータさんと結婚し男二人、女四人の子供にめぐまれた。

インドネシア独立戦争に参加した平良定三さんの足跡については、『世界のウチナーンチュ1』に詳しいので、それをご覧になっていただきたいのですが、平良さんはそこで「ジャワ島のように大勢生存者がいれば帰国したかもしれない」が、「バリ島で生き残ったのは私一人、戦友の墓守をする義務がある」と語っていました。
　インドネシアの独立運動に参加して死んでいった戦友たちの「墓守をする義務がある」として、そのまま同地にのこってしまった平良さんが、「祖先供養」のため郷里を訪れ、そのことが郷里の新聞に報じられた平成15年(2003)には、偶然とはいえ、インドネシアと関わりのある、次のような記事がありました。

　　県人が安らかに眠れる墓地の整備に協力を――。インドネシア共和国、スラウェシ島（旧セレベス島）で漁業に従事する宮古出身の長崎節夫さん(60)らが、太平洋戦争前や戦中に同地で死亡した県出身者らの新しい墓地を整備する計画を進めている。異郷で眠る県出身者の墓は現在、無惨に荒れた状態、「遠く離れた地に沖縄の漁法を導入した県人の足跡を残し、後世に伝えたい」。長崎さんらは、新墓地整備に県民の協力を呼びかける。
　　スラウェシ島は、1910年代から終戦まで、県人多数が漁業出稼ぎで移住していた。日本人の墓はビトン市に14基、近郊のマナド市に11基、ほとんどが県出身者で、墓碑には「与那嶺亨」「伊礼良貞」「仲村渠蒲」などの名前と享年が刻まれている。

平成15年(2003)12月12日付『沖縄タイムス』に、「異郷の県人墓、整

備を　インドネシアの墓地、廃棄物まみれ　移転と慰霊碑建立計画　長崎さん呼びかけ」の見出しで掲載された記事の一部です。

　翌平成16年（2004）8月5日付き「沖縄タイムス」は、その続報といっていいかたちで「廃棄物や雑草に埋もれていたインドネシア共和国・スラウェシ島（旧セレベス島）の日本人墓がこのほど、現地に住む県人らの手で移設・新築された。募金活動などに取り組んできたスラウェシ島日本墓地整備会（糸満盛健会長）は、9月に現地で慰霊祭を執り行う予定で「一人でも多くの遺族の参加を、と呼びかけている」と報じ、10月5日には「スラウェシ島で慰霊祭」の見出しで、次のように報じていました。

　　　戦争などで死亡した県人の墓は同島内に造られたが、戦後、日本人の多くが引き揚げ、97年に同市在住の水産業長崎節夫さん(61)に発見されるまでは土砂やごみに埋もれ、無惨な状態になっていた。長崎さんや在マカッサル総領事館、日本人会が中心となり7年がかりで墓地を移転、整備し、この日の慰霊祭にこぎつけた。

　私たちは、ちょうどそのころ、インドネシアの調査に入ったところでした。その調査団の目的は、全く別のところにありましたが、たまたま、メナドのホテルに滞在していて、長崎さんの話を聞くことができたのです。また、長崎さんには、メナドにあった墓地の荒れ果てた原野もみせてもらい、そのあと、墓地を移したビトンにも案内していただきました。
　私たちのインドネシア調査は、スラウェシ島での長崎さんとの出会いだけでなく、バリ島での平良定三さんの奥さんおよびその家族を訪問、そして日本人の眠る、平良さんが墓守をした墓地に案内してもらうという幸運にも恵まれたものでしたが、私たちの話は、割愛し、本題にもどります。
　戦争で、生き残りながら郷里にもどらず、現地で死んでいった戦友の墓守を通した平良定三さん、そして「土砂やゴミに埋もれ、無惨な状態になっていた」墓を発見し、新しい墓地作りに奔走し、完成させた長崎節夫さん、彼等はそれぞれに元兵士、或いは漁師としてインドネシアに暮らし

ていたとはいえ、インドネシアの日本人墓に固執する必要はなかったはずです。

　平良さんが、郷里に戻らずインドネシアに住み「墓」にこだわったのは、それが戦友としての「義務」だと思ったからであり、長崎さんが新しい墓地を探したのは、異境の地で亡くなった「御霊」を安んじるためであったことは、よくわかります。しかしそれだけだったのでしょうか。

　平良さんにも長崎さんにも、長崎さんのいう「歴史の保存」という、もう一つの思いがありました。それを、もう少し、わかりやすく言い直しますと、過去を忘れてはいけない、捨て去ってはいけない、ということになるでしょう。その思いが、彼等の行動の基をなすものであったと言えないでしょうか。

　宮古三題は、伝統歌謡、入れ墨、死者たちと関わり合った人々をとりあげてみました。

　宮古の伝統文化を再生させようとした試み、宮古の習俗をそのままに生きた生き方、そして外国へ移住した宮古の人たちの行動から、何を受け取っていくかは人それぞれによって異なるものがあるかと思われますが、いずれのあり方にも、心惹かれるものがありました。

　私たちは、彼等のことを忘れてはいけないでしょうし、捨て去ることなどできるはずもありません。そのような過去に思いをはせることで、後世の人々に、また、別の心惹かれる宮古の物語を残していけたらと思うものです。

第3章 バッシライン（忘れられない）

久貝 愛子 （元小学校教員）

久貝 愛子（くがい あいこ）
1930.7.19 沖縄県宮古島市上野字野原生まれ。宮古女子高等学校専攻科修了。中学・小学校教員を歴任。宮古文化研究会代表。戦争体験記「14歳で遭遇した太平洋戦争」、学級通信「かけ橋」など。

いくさ場から敗戦まで

　昭和19年4月、私は待望の沖縄県立宮古高等女学校へ入学した。セーラーの制服を着て誇り高き乙女の集う宮高女の門をくぐった。ほどよく配置された大きな庭石、枝ぶりのよい松や蘇鉄、マッコウなどが重厚な門構えとみごとに調和していた。玄関に入ると靴箱が整然と並び記名がなされていた。袴姿の先生方が、床張りの廊下を静々と歩く様子は『源氏物語』の絵巻の感じさえした。

　しかし、夢のような学生生活もわずか2ヶ月で消えてしまった。5月の末頃から兵隊がぞくぞくと上陸してきた。学校や民家は部隊に接収され、壕を掘り、飛行場造りなど、目まぐるしく変わった。私達も作業に動員されることが多くなり、ときおり空襲警報が発令されて休校が多くなってきた。7月には宮高女も豊部隊の兵舎となり、休校のまま夏休みに入った。その間、疎開が始まった。台湾、宮崎、他県へと、家族や集団で多くの人が旅立ち、学友も減り始めた。父は、長女の千代だけを知人に託して台湾へ疎開させた。

　「万一、この島が空襲になり、家族全滅になるようなことがあったら、戻って来て家族の供養をして欲しい」と言いふくめていた。

　2学期は平良市内の民家を借りて、分散授業がおこなわれた。向かいに

第3章　バッシライン（忘れられない）

はンマリガー（生まり川＝産井戸）という湧泉のある大自然壕があり、空襲警報の時は、そこへ避難した。防空頭巾、非常袋を着用し、モンペ姿で日々を過ごした。今でも忘れることの出来ないのは、登下校のあわただしさである。海軍飛行場裏の道路は、空襲になると一番危険な通路で、いつも"チムプトゥ、プトゥ"と一気に走り、息せき切っての登校であった。

基地の中の我が家は、朝はけたたましく起床ラッパが響き、夜は消灯ラッパが淋しく流れる毎日であった。教練、閲兵式、上官の罵声、びんたはり、よろけると襟首をつかんで反対からビシバシはり倒す。私は軍隊の横暴さを垣間見て胸が痛くなるのを感じた。

空襲がだんだん激しくなり、翌20年の3月頃からは、毎日のように敵機襲来が続いた。郡民の被害が目立つようになったので、宮国部落へ島内疎開をした。東海岸に面した宮国部落は、空襲は全くなく丘や木に登って、空襲の様子を遠く眺める程の別天地であった。

平良市内の殆どの建物が焼失し、飛行場では飛行機の残骸が何日も燃えくすぶっていた。港では物資を積んだ船が黒々と煙を上げ燃え続けた。それでも神風に期待し勝利を念じ、神国であることを信じて疑わなかった。

昭和20年8月15日、無条件降伏で戦争は終結した。

戦時体制下で皇民として国民統一の教育をうけたせいか、多感な少女は敗戦を瓦礫と化した我が家の庭先で涙ながらに聞いた。真夏の夕日が西の空を真っ赤に染め夕焼け雲の間から、沈み行く大きな太陽が顔をのぞかせていたのを今でもはっきり覚えている。

15歳の少女にやっと青春が訪れた。

夢の実現と就職

宮古女子高等学校は4年制の最後の卒業生を1948年3月に送り出し、4月から新制高校（6・3・3制）となった。私はその4年制女子高校の最後の卒業生である。

両親の期待が大きく、父のすすめもあって新制高校の3年次へ編入、その数13人で希望に燃え戦後の民主主義教育を受けた。教室はお粗末だっ

たが、先生方の情熱のこもった授業ぶりは後に、教師となる基本的な力と使命感を私に与えてくれた。

　私は、4年制の女子高校を卒業し更に、新制高校の1期卒業生でもあった。高校教育を5年も受けた青春真っ盛りの乙女は「我が村の教育再建は我が肩にあり」と、いつしか思い込んでいた。

　専攻科への入学はその思い込みを実現するためであった。専攻科は中学校教員養成を目的に、宮古高校で2年間だけ開設されていた。新制中学校の教科に準じて、教科別特訓がなされた。女子は10人受験して7人合格、全員中学校家庭科教員養成の目的で特訓された。和裁は一つ身から本裁ちの袷羽織まで。洋裁は女物全課程と男物のズボン、ワイシャツまで。料理は自家製蒸しパン、芋キントン、煮物、汁物殆ど習った。その外に児童心理学、青年心理学、教育原理を習得し平良中学校で教育実習。まるで24時間学習しているような日々が続いた。

　1950年3月、20歳で中学校家庭科教員免許状を宮古民政府知事より授与され、憧れの母村、上野中学校へ配置された。しかし、1952年4月、琉球政府の創立により、民政府知事具志堅宗精氏から頂いた免許状は、仮免許状と認定された。その頃から琉球大学では仮免許を本免許に更新するための通信教育があり、琉球大学研究普及講座の名目で1960年代まで続いた。私も1952年から4年間その講座を受けた。上野中で教鞭をとりながら、論文提出のあけくれであった。夏休みは宮古から上覇して琉大の学生寮に宿泊し、3週間の夏季講座を毎年受講した。当時、宮古からのポンポン船は泊高橋下をくぐり、崇元寺前の又吉道路に面した所に下船させた。私はその足で、首里の大学寮まで歩いて行った。

　1955年9月、単位が足りて二級普通免許に更新、更に大学講座、夏季講座を続けて、1962年12月には念願の一級免許に更新、仮免許から12年目の長い道のりであった。

　上野中学校に就職した頃は、男教師ばかりで、校長、教頭の外は殆ど独身だった。私はその中の紅一点であった。職員室では大事にされプロポーズされる事も多かった。しかし教科担任は強引なものだった。高校卒業時

第3章 バッシライン（忘れられない）

宮高女九期生古希合同祝賀会（平成15年11月23、24日）

に英語賞を貰ったとのことだけで、1、2年生の英語も持たされる時代であった。家庭科、英語、音楽、女子体育を担当しハードな毎日だった。念願の中学校教師になったピチピチガールはプライドが高く、自分より高学歴者を結婚相手と想定し理想に燃えていた。その頃、今の夫とめぐり会った。

バラ色だった30代

1965年2月16日に待望の赤ちゃんができた。結婚10年目であった。私達夫婦はもちろん、親戚、知人、職場の仲間達も諸手をあげて喜んだ。34歳でやっと出来た。

25歳で結婚したが、子宝になかなか恵まれなかった。夫は友人の出産祝いから帰宅すると、座布団を丸め、赤ちゃんを抱くしぐさで「バンガムリ、プドゥワサバヨイヨイ、ウヤガムリ、プドゥワサバヨイヨイ（私が子守してやるから、ウヤ里親が育ててやるから早く大きくなって）」と宮古島唄を自作して歌い子守のまねごとをしていた。その様子を見ると、ますます

子が欲しいという願望が強くなったが、5年経っても出来なかった。その頃から私の父は、ひそかに離婚話をすすめてきた。「子なきは縁なきと思え」と責めたてた。しかし夫は「畑は良いが種が悪いのでは？」、そして私は「種は良いが畑が悪いよ」ととぼけて明るくふるまったりしていた。

　夫は周囲の雑音には耳もかさず、以前買ってあった土地に新築をする準備を進めていた。あまり乗り気でない私を納得させ、ほとんど自分一人で設計士と相談しながら仕事と家造りに奔走していた。そして9か月かけてモダンなクリーム色の2階建ての家が完成した。知人、友人は参考にしたいと見学に訪れた。那覇市天久に最初に建てた家である。

　夫の熱意で建てた家は、すみずみまで愛情にあふれ住み心地も良かった。身も心もリラックスした新居生活2年目の6月におめでたの宣言を受けた。見るもの聞くもの全てがバラ色に輝いた。私は勤務していた仲西小学校を夏休みで区切りをつけ、2学期からの休職の手続きをとった。「条件付き休職」といって産後は元の職場に戻る条件をつけての休職であった。その手続きで東奔西走してくださった当時の又吉教頭先生には私的な事で大変お世話になり今でも忘れる事が出来ない。

　昭和40年2月16日、元気な赤ちゃんが産声をあげた。体重3250グラム、身長50センチ、やや大きめの体を振りしぼり、この世に一声をあげた。壺屋の赤嶺産院の先生が神様に見えた一瞬でもあった。夫は私の手を取りさめざめと涙を流していた。私は産む苦痛よりも嬉しさのあまり、周囲かまわず声を出して泣いていた。その時、「10か月もお腹の中ではぐくみ、親の愛情を体に満載して生まれる人様の子だ。教育現場では最善をつくして育てなくちゃ」と思った。

　親となった瞬間に私の教育観も一歩前進した。以後、教室の子供達への教育方針は退職まで個を大事にする事に徹した。

　その時の校長、安里盛市先生は病院までおみえになり、共に喜んでくださった。私の長い教職生活の中で、30代で巡り会った安里盛市先生の影響が一番大きかったように思う。その数ある想い出の中から、あえて安里校長とかかわったエピソードを1つ紹介する。

ある朝、又吉教頭が「今日の職員会議は久貝さんの教室ですることになった。午後2時頃から始めるのでよろしく」との事であった。今なら「なぜ私の教室なのですか」と反論もした筈だが、当時は若かったし、校長、教頭は怖くて意見など全く言えないころだった。「みんなが集まるのに便利なのかしら」と軽く考える程度で受け止めた。その日の会議は6時までかかったのを覚えている。翌日、教頭曰く、「昨日はありがとう。イヤイヤ、校長が久貝さんの教室経営を皆に見せたいから、職員会議は久貝さんの教室でするように言われてね」。

　しかし校長は、にこにこするだけで以後一言もなかった。安里校長は機転がきく聡明な方で学校経営にもそれがよく現れた。職員会議では、個人を指して褒めるような事はしなかった。それは同僚に対する気配りであり経営方針の一部分でもあるように見受けられた。

　職員朝会では新刊書（学校経営、教育技術）の1ページを読んで1、2分で簡潔に紹介するので多忙な私達は参考になることばかりであった。教師としての使命感や指導性を身につけたのも安里校長の影響が大きかった。そして学級経営の中で教室経営がしめる役割が、いかに大切であるかもその頃から強く意識するようになった。

　私の30年代は、充実した職場に恵まれ、新居を構え、長女が生まれ、そして1年越しに次女、長男と遅まきながら3人も子宝に恵まれ、バラ色に輝いた年代であった。

　そして10年間、住んだ家を手放して今の住所、那覇市泊3丁目に新築して移り住み、現在に至っている。

第4章　人類の始まりから伝わる「死の起源」神話
～ネフスキーが語る「月と不死」のテーマとタイプ～

宮川 耕次　（宮古郷土史研究会会員）

宮川 耕次
1951.3.25 宮古島市平良字下里生まれ。高知大学経済学科卒、日本大学大学院文化情報（文学）修士。「ウィリアム・フォークナーのヨクヤパトーファと大城立裕のオキナワとの比較考察」ほか。

1．はじめに

　ニコライ・A・ネフスキー氏[※1]（以下ネフスキー）は、1915（大正4）年に2年間の予定で日本に留学したが、17年ロシア革命が起こり、やむなく帰国を延長した。東京から職を求め北海道小樽、大阪外国語大学などでロシア語の教師をしながら、1929年まで滞在した。その間、東北のオシラ様を始めアイヌ、宮古島、台湾の曹族、西夏などの言語と民俗を多方面にわたり調査研究した。

　宮古島への旅の目的について、ネフスキーは〈神話創生の中心の探求〉と正式に名づけた[※2]。1922年を皮切りに3回（26年、28年）訪れ、言語と民俗を調査研究した。大正・昭和期に日本で民俗学が胎動し、柳田国男、折口信夫などが主に沖縄本島や八重山を中心に研究したのに対し、ネフスキーは宮古を重点的に研究した。宮古島に関しては、大別すると宮古語（言語）と歌謡、神話伝説、俗言など民俗の二つの分野である。

　まず言語については、『宮古方言ノート』[※3]という厖大な語彙集に結実、さらに「天の蛇としての虹の概念」（論文、ロシア語）、「音素〔p〕について」（ロシア語）などがある。民俗については、「根間の主」などのアーグやトーガニーなどの歌謡がロシア語と音声表記を交えた、日本語の注解などによって解説され、伝説、諺やナゾナゾなどと共に『宮古のフォークロア』[※4]に収録されている。また、「アカリャザガマの話」の神話伝説やアー

グ研究、子供遊戯資料などで、これらは『月と不死』[※5]の本に収められている。

宮古研究の中で、とくに神話伝説「アカリャザガマの話」の論考は重要なものであり、ネフスキーは、これを1928年柳田国男らが発行している研究誌『民族』[※6]に「月と不死〜若水の研究の試み」と題して、2回に亘り投稿した（未完となっている）。

本稿では、ネフスキーの比較神話学の立場からの論考を吟味し、現代の神話研究の進展などをも加味しながら、私なりの考察を試みた。

2.「月と不死〜若水の研究の試み」

（1）論考のあらまし

この論考は、一回目の前半と二回目の後半から成るが、未完の形となっている。

前半では、寒い地方で「生の賛美」を象徴する太陽が尊重されるスラブ地方の風土と、暑さに苦しめられる日本や中国、とりわけ日本における月への親しさの風土の違いを表現している。その宇宙的な観念を比較しつつ、多良間島における月と太陽の古代観念と日本の月観念との違いなどを拾い上げ、月と不死、月と水との関係などを述べている。また日食や月食、及び「月の斑点」についてのグローバルな比較を試みている。

後半は、「アカリャザガマの話」を取り上げ、その神話構造の分析を試みた。まず、根本要素と付随的要素に区分し、世界の神話・伝説の例を挙げ比較した。この神話伝説は「死の起源」を語るものであり、地球の各方面に分布し、そのタイプは「脱皮型」で主に太平洋民族に見られる、とネフスキーは指摘している。

（2）月のアカリヤザガマの話（話者 慶世村恒任）〜ネフスキー『月と不死』から〜

是は昔々大昔この大宮古、美しい宮古に始めて人間が住む様になった時の事だそうです。

お月様お天道様が真上に輝いてゐて、美しい心の持主であったから、幾世変わらじ人間の生まれつきの美しさを守り、長命（継命）の薬を与へようと思ひになって節祭の新夜に、この大地へ、下の島へアカリヤザガマを御使としてお遣しになったそうです。アカリヤザガマが何を持って降りて来たかといふと二つの桶を重そうに担いで来たそうです。
　そして、その一つには変若水、今一つの方には死水を入れて来ました。お月様とお天道様のお言附けには「人間に変若水を浴せて世が幾度変わってもいつも、生き替える事と長命をもたせよ。蛇には—肝心をもってゐるものぢゃないから—死水を浴せよ」といふ事であったそうです。けれども天から長い旅をして降りて来たアカリヤザガマが非常に疲れ、草臥れて御脛を休ませようと思って担いできたその桶を、道に下ろし路端で小便をしてゐた処、その際に何処からともなく一匹の大蛇が現れて来て、まあなんといふ事でせう、見れば人間に浴びせる変若水をジャブジャブ浴びてしまってゐたのであります。アカリヤザガマの驚きは譬へ様もありませんでした。
　「おやおやこれはまあ、どうしよう、まさか蛇の浴び残りの水を人間に浴せるというわけには行かないし、どうしたらいいんだろう、斯うなったら仕方がないから、死水でも人間に浴せる事にしようか」と思って泣き泣き死水を人間にあびせたそうです。
　アカリヤザガマが非常に心配しながら、天へのぼり、上へのぼって行って委細の事を申上げると、お天道様は大変お怒りになって「長命や生れ替の美しさを守ろうと思ってゐたが、お前のために破られ、みんな私の心尽くしが無駄になってしまった。お前の人間に対する罪は、幾等払っても払ひ切れない程のものであるから、人間がある限り、宮古の青々としてゐる限り、その桶を担いで永久に立ってをれ」といって体刑をお加へになりました。それがためアカリヤザガマが今もなほお月様の中にゐて桶を担いで立ちはだかって罰せられてゐるとさ。
　人間はなんといふ馬鹿者だろう！若し蛇の様に気早いものであったなら、変若水を浴びて生れ替へて、いつもいつも長命でゐられた筈なの

第4章　人類の始まりから伝わる「死の起源」神話

に、死水を浴びてしまったから死んでゆかねばならぬ様になりました。それに引返へて蛇はその時から今まで始終脱皮し、生れ替へて長生してゐるのだとさ。　　　　　　　　　　　　　　　　　　　（神話1－1）

慶世村恒任氏（以下、慶世村）は話を了えて次の様に日本語で補足した。

　人間に不死を恵む月の慈悲も、人の悲劇となったが、それにも拘はらず、神（トゥートゥガナス）は人を憐み永久の生命でなくとも、多少若返り位はさせて幾分でも粧飾せんとした。その時から毎年節祭の祭日に向ふ夜、大空から若水を送ることとなった。これより今日に至るまで第一日の祭日の黎明に井戸より水を汲み、若水と呼び全家族が水浴する習慣が存してゐる。

（神話1－2）

(3) ネフスキーによる神話分析
ネフスキーは、この神話1－1と、神話1－2を、次のイ、根本要素　ロ、付随的要素に分解して、解釈した。
　イ、4つの根本要素
　　① 月又は天帝が永久の世命を布告する者として使者を人間に遣わしたこと。
　　② 使者の怠慢が神の慈悲を無にしたこと。
　　③ 使者の処罰。
　　④ 永久にわたる確証として月の表面に斑点を有すること。
　ロ、3つの付随的要素
　　① 蛇が人より不死の秘密を横取りしたこと。
　　② ある種の動物、ここでは蛇が脱皮するのは、蘇生と不死の徴候と考えられること。
　　③ 不死と死の象徴にして、月に変若水、死水があること。

3. ネフスキーの神話伝説についての考え方

　この神話伝説の話者は慶世村であるが、ネフスキーに話した翌年の1927年には慶世村は『宮古史伝』を出版し、自らこの話を執筆している。双方の話の内容はほぼ同じであるが、若干の相違もある。考察に入る前にこれらを比較、整理してみたい。

　イ、ネフスキーは使者の名前を「アカリャザガマ」と称しているが、慶世村は「アカリヤ仁座」としており、ネフスキーのものには「ニ」の部分が欠落している。

　ロ、シツの時、雨を降らすのは、ネフスキーでは「神＝トゥートゥガナス」、慶世村では「アカリヤ仁座」としている。

　ハ、ネフスキーの論考では神話1-1、神話1-2、で終わっているが、慶世村の著書では、次の話＝神話1-3が加わっている。
　　―そして蛇は、それまでは長い丈夫な四つの足を持っていたが、かく人間をもしのぐすばしこさでは都合が悪いとあって、神々はその足をもぎ取り給うた。それでいく万代たっても蛇の足はできず、のろのろと腹這うほかできなくなったという。（神話1-3）

　この中で、特にイ、ハ、の違いについて言及したい。（ロ、のシツ行事における主体の問題で月かアカリャニザかの違いがあるが、ここでは省略する。）

　まずイ、において「ニ」のあるなしで意味が違ってくる。「ガマ」は愛称である。ネフスキーは「アカリヤザガマの言葉の後半（つまり「ザガマ」＝筆者）は日本のオトッツァンに相当して、士族階級の者が一般庶民の老人に対して用いている」と述べているが、慶世村のいう「仁座」は、ニッジャなどの神の呼称の意味になる。狩俣の神歌に「ニッジャ金殿」のタービがあるが、ここでは「ニッジャ、アロー」の対句で歌われる[※7]。つまり、あの世のアカリヤガマと捉えるのが妥当ではないかと思われる。この話を慶世村が伝えたとき、あるいはネフスキーが聴きとった時、何らかの齟齬（そご）が生じたのではないだろうか。

次に、ハ、については、神話伝説の全体像を把握するためには、神話1－3もこの神話の一環と捉えたい。そのもつ意味については、後述する。

（1）神話のテーマとタイプを定義

ネフスキーは、この神話伝説を根本の要素と付随的要素の二つに分けた。まずこの説は「死の起源を語る」神話伝説であり、これは地球の各方面に見られるとした。ここで再度、根本の要素を簡略して示す。

① 月または天帝の永久の命を伝える使者を人間に遣わした　② 使者の怠惰　③ 使者の処罰　④ 月に斑点、の4つである。

ネフスキーは、論考「月と不死」の中で、「毎月、月が大空から姿を消して三日経て再び現れてくる現象は、死者がこの間復活する思想を、キリストに結びつけるキリスト教の思想を生ぜしめた。種々の民族は、月の斑点も同じく、不死の思想と何らかの関係があると考えた」と述べている。月の斑点に対する主要で広範な考え方を軸に、さらに多くの世界の民族の起源神話の比較検討などによって、「死の根源を語る神話」であり、その根本の要素として分析したことが伺われる。

一方、付随的要素として、次のように述べている。

① 蛇が不死の秘密を横取り　② 蛇の脱皮は蘇生と不死の兆候　③ 不死と死の象徴として、月に変若水・死水がある。

「死の根源」を語る神話伝説には各地で蛙・兎などさまざまな動物に象徴されているが、ここでは、蛇が登場している。そこでネフスキーは、宮古の話を「脱皮型」のタイプと規定し、その分布は蟹、トカゲなどとともに主として太平洋民族の間でみられるとした。つまり、神話伝説にはテーマといくつかのタイプがある、というのである。

（後年、大林太良は、神話の分類で、まずテーマを宇宙起源・人類起源・文化起源などに分類し、死の起源を人類起源の一種とした。また、神話のタイプには二神対立型・バナナ型・伝令方などとともに脱皮型をあげている。『神話学入門』1966年）

ネフスキーの論考では、神話伝説の資料は多様で世界規模で扱われてい

る。宮古の島々はもとより、沖縄、日本、ヨーロッパ、北欧、アジア、アメリカのインディアンなどだが、その中でも先住民族や無文字社会の人々が多く登場してくる。ネフスキーは、イギリスの人類学者ジェームス・フレーザー氏[※8]を始めバチェラー氏（イギリスの宣教師・アイヌ研究家）、スキート氏（イギリスの学者）、アレクサンダー氏（北米の学者）、金田一京介氏（言語学者、アイヌ研究家）など多彩な学者の論文の内容を引用・紹介している。（とくにアカリャニザガマの話の類似説話では、フレーザー氏の著書を参考にするよう勧めている）

　ネフスキーは、「月と不死」の論考の中で古層の信仰を示す民俗的なアプローチをする。まずスラブ思想（六世紀頃から形成されたスラブ民族集団の、キリスト教に改宗される以前の信仰）と中国・日本思想との自然風土の違いから、生＝太陽、死＝月という原初の信仰の特徴を謳いあげている。さらに、古代日本神話において太陽＝姉、月＝弟と、月の影が薄いのは記録者にある理由があったとし、宮古多良間に伝わる神話の中では夫婦（太陽＝夫、月＝妻）として月の存在感のあることを、紹介している。あるいは、日食・月食の起源（日食は同衾（どうきん）して妻が夫に媚びたとき起こり、月食はその逆）をリアルに表現している。こうしたネフスキーの手法は、宮古を含めた無文字社会などの民族や共同体の原思想、原信仰の姿に迫る、まさに〈神話創生の中心の探求〉となろう。また、ネフスキーの明晰で流麗な文章は、「名調子の美文」と学者などから冷やかされるほどであったと、『民族』編集者の岡正雄氏は述べている。

（2）神話研究の2つのパラダイム

　19世紀末から20世紀へかけて、ヨーロッパでは人類学や民族学の学問が台頭し、神話研究もこれまで宣教師や探検家などによる部分的、個別的なものから、組織的・体系的なものになっていった、と言われる。特にフレーザー氏の世界的な神話伝説の収集と研究は、現代神話学の基礎をなす契機ともなった[※9]。1890年から1936年にかけて氏は、ヨーロッパはもとより未開社会の神話・呪術・信仰など世界から集めた神話伝説集『金枝

第4章　人類の始まりから伝わる「死の起源」神話

編』（全13巻）などを著した。

　松村一男氏※10は『神話学講義』(1999年)の中で、神話研究における19世紀型と20世紀型の二つのパラダイムの変化を指摘している。それによると、19世紀型はダーウィンの進化論と歴史学をパラダイムとして形成され、神話を人類の進化の特定の産物、過去の遺物、とした。一方、20世紀型は、普遍的な心のメカニズム＝「無意識」をパラダイムとし、神話を人類に普遍的な無意識的な心の働きの産物、と考えた。前者の学者としては、マックス・ミュラー※11、デュメジル※12、フレーザーの各氏を挙げ、後者では、レヴィ・ストロース※13、エリアーデ※14、キャンベル※15の各氏を挙げている。

　その手法の点から言うと、前者を比較神話学、後者を構造神話学と大別することもできよう。このパラダイムの変化のなかで、ネフスキーの時期的な立ち位置を考えて、フレーザー氏を基軸にして想定すると、19世紀型の終わり頃から20世紀型に向かう、その移行期の周辺で捉えることができるように思う。

　さて、二つのパラダイムの変化については、言語学においても比較言語学から構造言語学への変化が言われているように、神話学と機を一にしているようである※16。

4．「月と不死」関連研究のあらまし
（1）折口信夫（1887〜1953年）国文学者・歌人

　折口氏は、ネフスキーに万葉集や風土記などの古典を教示したが、氏が解説した万葉集辞典における「若水」について、中国起源としたことに対し、ネフスキーは宮古の事例を理由に日本古来のものと指摘し、氏も納得した。折口の「日本人の細かい感情の隈まで知った異人」というネフスキー評はよく出てくるキーワードである。

　折口氏は、「若水の話」という論文を1927年に書き、その中で上記のいきさつを述べている。さらに、すでぃ水については、沖縄先島では死んだ蛇がすでぃ水にはまったら生き返った、という観念があったと言及した。

また、「すでぃる」は母胎を経ない誕生のことで、「生まれる」と区別した。古代信仰では、死は汚れではなく、生のための静止期間である、つまり生と死の循環として認識された、とした。折口氏は、大正10(1921)年と12年、昭和12年八重山や沖縄本島などを訪れ、沖縄の古代研究で大きな成果をあげた。

（2）石田英一郎（1903～1968年）文化人類学者

石田氏は、柳田國男氏や折口信夫氏に学びつつ文化人類学を取り入れた学者であり、京都帝国大学でのネフスキーの教え子でもある。ネフスキーの論文『月と不死』の未完の論文を、石田氏なりに完成させる形で、同じタイトルの論文を1950年に執筆した。1966年『桃太郎の母』と題する著書の中に1つの論文として収録し、扉には「ネフスキーに捧ぐ」と記している。

この論文「月と不死」は、「沖縄研究の世界的関連性に寄せて」というサブタイトルもつけられ、人間の死の起源神話や月の斑点、「蛇と月」や「水と月」などのテーマごとに、世界規模から論じている。そして、「蛇と月」の関係は、旧石器時代まで遡る古いテーマであり、「水と月」の関係も動植物と水の恵み、多産な女性原理の象徴であり、先史時代まで遡るとした。

（3）吉田敦彦（1934年生まれ）神話学者

吉田氏は、宮古のアカリャニザガマ伝説は脱皮型「死の起源神話」と呼ばれている、と指摘。この種のタイプとしてバナナ型や文化の起源、性の起源などとからんだ死の起源など多様なタイプを紹介している[※17]。

さらに神話研究の立場から、「死の起源」神話はホモサピエンスの地球上の歩みと同じだけ長く、例えばメソポタミアの『ギルガメシュ叙事詩』[※18]は世界最古の文学作品と言われているが、その中にも死の起源神話が描かれており、宮古のアカリャニザガマの話とよく似ている。悠久の時間の中で、世界の果てから果てへ伝播した、と強調している。

第4章　人類の始まりから伝わる「死の起源」神話

　また、吉田氏は沖縄のこの神話は、かつて日本全体に分布しており日本古典で欠落したものを考える重要な手掛かりを与えてくれる、と評価している。

　ここで、石田氏（『月と不死』前掲論文）と吉田氏の研究（『世界神話事典』）の中で、世界各地に分布している「死の起源」神話伝説を拾って世界地図に落としてみたのが、下の図である。

（4）岡本恵昭（1941年生まれ）　住職・民俗研究家

　岡本氏は、2011年に出版した『宮古島の信仰と祭祀』の中で、柳田、折口、ネフキーの三氏は、沖縄、宮古の秘められた文化を発掘した方々であり、その研究の先駆者である、と評価した。

　その上で岡本氏は、「神話は伝承だけではなく、共同体の摂理に従った

「死の起源」神話の分布（抄）

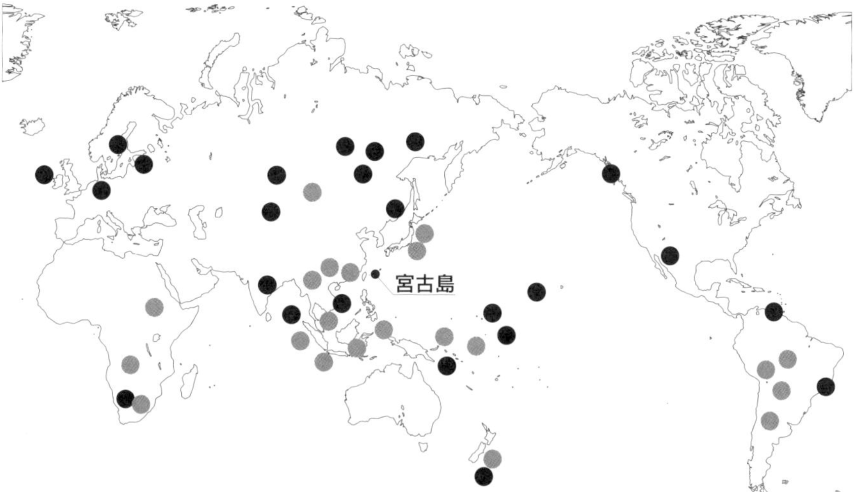

研究者	数
● 石田英一郎	24
● 吉田　敦彦	21

（2012年　宮川作成）補

ものである。」とし、これまでの宮古研究の問題点として、次のように指摘した。「表層的な一面しか把握できなかった。例えばシツの行事において、ネフスキーの採集した記録が若水の話となり、折口の関心を惹いた。また、石田英一郎の民族学的方法論では、神話伝承の比較方法論として展開され、シツ行事の付加する月の信仰に注目がそれてしまった。」

　岡本氏は、さらに博物館紀要（2005年）でも、慶世村がネフスキーに伝えたのは、まずシツの行事のことを前提にして、このアカリャニザガマの話を捉えることが神話の原質に迫るものである、と力説した。

　この観点に立って、アカリャニザガマの話を再度考察していくと、2つの文脈から構成されている。前半がアカリャニザガマの使者としての顛末の結果「人間の死の起源」、後半がシツ行事の起源を謳っている、となる。岡本氏の見解については、後述する。

5．「アカリャニザ」関連資料における私の考察

　アカリャニザの話を契機に、宮古をはじめ琉球弧で類似する神話伝説を、文献を中心に多良間を皮切りに奄美まで13編の話を整理してみた。（琉球弧における類似説話（抄）191頁〜197頁）

　ネフスキーの挙げた①人の使者②使者の怠慢③使者の処罰④月に斑点、の四つの根本要素を基準とし、それぞれの説話と比較して、相違と特徴などを示してみたい。

（1）根本要素を基準に比較
　①　使者（基準：アカリャ仁座＝人）
　　　ひばり（池間）、ひばり（伊良部）、人（池間）、アガスジャンガムヌ（下地）、女（多良間）、ゲート（水納島）、チンチン鳥（奄美）
　②　使者の怠慢（基準：小便をする）
　　　眠った（池間）、蛇が足を巻き付け若水を蛇に浴びせた（池間）、小便（下地）、居眠りした（下地）、桑の実を食べた（多良間）、タギス＝野いちごを食べた（水納島）、鳥が追いかけてきて逃げようと

した（奄美）
③ 使者の処罰（基準：月に両桶を架いで立つ）
　生き水を担ぐ女（多良間）、絞り上げ小さな鳥になった（池間）、水を持った人が立っている（池間）、両肩に桶をかついで人が立たされている（下地）、足を縛られた（水納島）
④ 月に斑点（基準：アカリャ仁座の姿）
　太陽の真中の黒点（池間）、月に女の絵（多良間）、アガスジャンギャムヌ（下地）

（2）データの分析
　① 月の使者として「人」とともに、いろいろな鳥の多いことが示され、その比率は互角と言える。
　② 使者の怠惰については、「小便をする」が下地の1カ所で、「眠り」、「木の実を食べる」がそれぞれ2カ所ずつ、と多様な要素がみられる。
　③ 使者の処罰は、「桶（水）」は3カ所、「縛る」が2カ所、「つまずく」が1カ所と、「桶」が多いが、多様な分布のあることも示されている。
　④ 月の表面に斑点があるのは、2カ所、うち池間では月に変わって太陽が登場、月の斑点に代わって太陽の黒点が現れる。

その他に、次のイからニまでのような特徴がある。

　イ、下地の話はネフスキーが取り上げた話と同一の説話といえる。ただ、主人公のアカリャニザが、アガスジャンガムヌに変わったのみである。
　ロ、古くは人が不死であったが、あるシツの時、蛇が人より先にスディ水を飲んだため逆転したという話が多い。—上野、城辺、平良、奄美

ハ、水納と多良間では、爪をスディ水で洗ったので生え変わるという、「爪の起源説話」がある。
ニ、蛇と人間という対立項が、ハブと人間＋「その他の生物」（八重山）、のように地域に見合って変化したケースがある。

(3) まとめ
イ、ネフスキーが規定した「死の起源」神話、および「脱皮型」タイプが、少なくとも琉球弧に分布し、とくに宮古では一つの島に二つの類似の話が伝わるなど、同一のテーマとタイプが濃厚に分布している。
ロ、使者が人から鳥に変わったり、小便の怠惰が、木の実を食べる・眠るなど多様に変化し、使者の罰も桶から「縛る」など、人から鳥などへの要素が加わってくる。神話伝説の昔話への転換が顕著に見られる。
ハ、最後に、これらの説話群は表面的には変化していくが、人間の死という悲劇、恐怖を克服するという「構造」＝道具立ては変わらない、と言える。

ところで、沖縄民話研究家の遠藤庄治氏は、「宮古の民話の特質」についての論考の中で、次のように述べている。「ネフスキーが『月と不死』で述べた若返りの水の話は、宮古島では生命の水の運び手が人間になり、本格昔話になるのに対し、宮古の周辺島や八重山ではひばりが天から地上まで水を運ぶ動物昔話になっている。同じ宮古諸島でも、小さな島ごとにかなりの伝承のちがいがあり、それぞれがミニ民話圏を形成している。」（『ゆがたい』第1集、1978年）

この示唆に富む指摘も考慮しつつ、神話と民話の関係性や、このタイプの伝承圏の分布について宮古圏はもとより琉球弧、日本本土、アジアなどに広げた詳細な調査研究が求められるように思う。

6．琉球弧における類似説話（抄）

ここでは琉球弧における類似説話をいくつか紹介する。

多良間

月と生き水

　お月様の中に絵があるのは、生水（すでぃみず）を神様の所から持ってきて降りていくと、蛇やその他の動物などが先になって浴び、人間は桑の実をとって食べていたために遅くなってしまって、その生水を浴びることができず、人間は脱皮できなくなり、蛇は脱皮するという話。

　あの生水を担いだ女の天使の絵が月に残っているという話です。

（『多良間の民話』1981年）

　むかしむかし節祭（しつ）の夕に天から水を下ろして下されたら「人から先に浴びろ」との事でしたが、人間がまけて蛇が先になって浴びたので、人間は仕方なく手と足とを洗った。だから爪だけがいくらぬいても、つぎからつぎへと生えて来るのである。蛇は死んでもどんどん蘇生してゆけるのである。

（話者：多良間　垣花春綱、ネフスキーの『月と不死』所収　1922年）

水納

　昔天の神様が、このシツミズをもっていって、人間に浴びせるようにしなさいと、ゲーントという鳥を使に出された。しかしゲーントは餓鬼なので、畠のあぜにタギス（野いちご）があるのをみつけ、うまそうだなと思って地上に下りてしまい、もってきた大事な水をあぜに置いて、タギスを食べてしまった。そこへ蛇やとかげがやってきて、この大事な水を浴びてしまった。そのため人間が浴びようと思ったら水が非常に少なくなって、手足の指先しかつけることができなかった。そのため蛇やとかげは何回も何回も皮をぬぐことができるが、人間は爪ばかりが生えかわるだけであった。ゲーントは神様に責任を問われ、足を縛られたので、それからはゲーントの足は小さくなったと

いう。ゲートはひばりのことらしい。

(大林太良『正月の来た道』1992年)

伊良部
雲雀(ひばり)と生き水
　青大将は生まれて千年、人にみられずに済めば天に昇って竜になれる。千年経ったので天に昇るが、その途中、草刈り男にみられてしまう。その草刈り男に「もし私に会ったことを他人に漏らさなければ、あなたに宝物をあげよう」と人に告げないことを約束させる。蛇はそのまま天に昇り竜となり、神様になる。約束を守り通した男に宝物をおろす。昔、人間は脱皮していた。それでひばりを使い「これをあの男に届けて、人間が脱皮するとき、きれいにしなさい」といって池の水をもたせる。ところがひばりはもってくる途中つまずいてその水をこぼしてしまい、それが蛇にかかる。その後蛇は脱皮し、人間は脱皮しなくなった。

(丸山顕徳『沖縄の民話と他界観』所収1983年)

下地
月とすで水
　昔、二つの桶に、一つはスデ水、もう一つはスニ水を入れて担いできて、疲れたもんですから木の陰で一休みしていると、そこで居眠りしてしまった。居眠りをしているうちに蛇が出てきて、スデ水の入っている桶に入ってその水で浴びていたって。それで蛇が浴びたもんだから、どうしようかと、アガスジャンギャムヌは心配して困ってしまって、「気の毒だけど、人間にはスニ水を浴びせておこう。」と、人間にスニ水を浴びせた。

　そうしたもんだから、それから人間は死ぬようになるし、蛇は脱皮していつまでも若返るという話しです。

　それでアガスジャンギャムヌは神様から罰をうけて、無期懲役とし

第4章　人類の始まりから伝わる「死の起源」神話

ていつもお月さまの表で、両方に桶を担いで立たされている。

　シツ祭りをシツぷぅすと言うんです。そのシツの夜には、アガスジャンギャムヌが天から杓でスデ水を汲んで下界に撒いていると。それでシツの日は、朝早く起きて井戸の水を汲んできて、それを浴びたらその年は病気をしないで健康に恵まれるということを聞いております。

（『下地町の民話』2003年）

上野

シツ祭由来（蛇と生き水）

　そうだね、昔はね、人間は死ぬことはなかったそうです（その頃の人間は）。

　寝ているとサンム草が生えていたそうです。サンム草が生えていましたので、草を刈りようと思って、鎌を振るうと、「こら、私なんだぞ、痛い、私だぞ」と言っていたそうです。

　このようにしていたそうですが、このシツの水を蛇が浴びてしまい、脱皮して行ってしまったので、蛇が浴びた残りの水を人間が浴びたので、人間は蛇に負けてしまったそうです。それから人間は、死んでいくようになったそうです。

（『上野村の民話』1981年）

城辺

蛇と若水

　昔、人間は蛇のように皮を脱いで若返っていた。蛇は一代限りのものであった。ある時、人間と蛇が賭をした。節祭りの日の朝早く人間が川に水浴びにいくと、すでに蛇が水を浴びていた。それ以後人間は死に、蛇は皮を脱ぎ若返るようになった。

（『沖縄の昔話』1980年）

池間

蛇と生き水

　天の神さまが、巣出水(すでみず)、死水(すにみず)を持って島を下りるように、この巣出水は、人間に浴びせなさい、死水は蛇に浴びせなさい、と言って持たせてやった。ジャブジャブと持って来た時に、中ほどまでやってきて、途中疲れて、持てないほど疲れていた。そこに眠ってしまい起き出して見ると、
　その巣出水には、蛇が入って浴びているのだそうだ。
　「あ、なんと不思議なことか」
　と言って『どうしたもんか』と思案して、途中もどって天の神さまのところに行きかけた。しかし、自分の罪ではない、と思ったりしたが、また、そうでもないと思ったりした。
　けっきょく、そのまま持って降りることにした。それで人間には死水を浴せた。それからまた、その巣出水は蛇に浴せたそうだ。
　また天に昇って行って、天の神さまに、
　「私は、こんな、こんなことがあって、このようにしてきたよ」
　と言うと、
　「お前は、私の言ったことを守らなかったから、罰しないといかん」
　と言って、それから、その太陽の真中の黒点はあるのだそうだ。その黒点は、その巣出水、死水を持って行った人が罰されて立っているのだという話だ。

　　　　　　　　　　　　　　　　（『ゆがたい』第4集　1984年）

池間

雲雀(ひばり)と生き水

　むかし、むかしの話に、鳥のうちでも、大きな鳥がいたそうです。それは雲雀なんだが、鳥の中でも一番大きな鳥だったという。
　ある日、天の神さまが雲雀に、巣出水を持ってきなさい、と雲雀と蛇に命令した。

「巣出水を持って天に昇ってきなさい」と天の神さまの命令だそうだ。
　それで、その雲雀は
「はい」
と言って、その蛇も一緒に昇って行った。天の神さまの所に昇って行く途中、その蛇が、雲雀の足にビイーッと巻きついた。すると、その雲雀が持っていた巣出水を、その蛇に浴びせてしまった。その巣出水をね。
　浴びせてしまって、それで天に昇って行っては、
「蛇が、こんなに私の足に巻きついたので、私は水を捨ててしまった」
と天の神さまの所に行くと、このように言った。すると神さまは、
「お前は蛇の悪知恵に負けたのだ。それで蛇に巣出水を浴びせてしまっては、蛇は巣出るようになる。お前は殺してもあきたらないが、殺して捨てても仕方ないから、もう絞り上げることにしよう」
と絞り上げたそうだ。一番大きかった雲雀は、天の神さまが絞り上げて見ると、鳥の内でも小さな鳥となった。ほんとおに小さな雲雀なんだね。

（『ゆがたい』第4集　1984年）

平良

　節祭の夕には蛇より先に人が若水を浴びて居ったから、人が若返り、蛇は若返らずに居った。処がある年、蛇にまけて人が後で若水を浴びたから、蛇が若返り人は若返らぬ様になったといふ。

（話者：平良町　富森寛卓、ネフスキー『月と不死』所収　1922年）

八重山

生水と死水（大浜の昔話）
しでいみじ　しにみじ

　昔、この世の中に、生物がたくさんおり、生物がこのように暮らしていたということだが、その中で、最も毒を持ち、この世の中の動物を殺してしまう毒蛇がいたようだ。これがハブというものさ。
　そういうことなので、神様が、

「どうにかして、この毒蛇は取り除かなくては」と、このように考えて、神様が、一つの容器には死水を入れて置き、もう一つの容器には生水を入れて置いたそうだ。そうして、神様の考えは
　「ぜひとも、この毒蛇に死水を浴びせて、早く殺してしまわないといけない」と、こういうことをたくらみ、死水を造って、こうして準備されていたようだが、このハブは、早目に、自分の尾で生水を浴びて去ってしまい、それで残りの人間を初め生物たちは、仕方なく、皆、死水を浴びていたそうだ。

（山里純一『大浜の昔話』1997年）

沖縄
　　アカナー
　　もし、もし、アカナー、アカナー
　　何処へ行くのか、アカナー
　　北の海へ
　　蟹取りに
　　私は行くのよ
　　蟹取ってどうするか、アカナー
　　私の姉様に呉れるのよ
　　お前の姉様は誰だい
　　十五夜のお月様だ

（月夜に赤い顔と髪をした童子を「アカナー」と那覇では言うが童謡から月の弟としている。日琉方言のrとnの交代と元の口蓋化の喪失を考えると、「アカナー」は「アカリャ」となる。）

（ネフスキー『月と不死』1928年）

奄美
　太古には人は不死であった。というのはチンチン鳥（何の種類の鳥

第4章　人類の始まりから伝わる「死の起源」神話

か不明）が毎年元旦の朝、神の使者となって天から若水をもってきてくれたからである。人はこの若水をもってくる途中、アハビラ木（サルスベリのことか）に休んでいると、鳥がチンチン鳥を食べようとして追っかけてきたので、チンチン鳥が逃げようとする途端、若水をこぼしてしまった。それ以来人間は若水を得ることができず、死ぬようになったが、そのかわりアハビラ木は若水をかけられたので、毎年若返る（木の皮が剥げること）ようになったとのことである。

（大林太良『正月の来た道』1992年）

7.「アカリャニザガマの話」についての私の考え

　ネフスキーが聞いた話と、それを伝えた慶世村の『宮古史伝』の中の話とを比較し、その解釈を紹介したが、ここで「神話1−3」（182頁）も含めてトータルに考察したい。

　まず、岡本氏の考察から始めたい。それは、次の2点に集約される。1点めは、「月と不死」の神話は死の起源神話であると同時にシツ行事の起源神話である。むしろ後者が主であり、本質である。2点めは、神話はシツ行事＝儀礼に従う、つまり従属する。

　ネフスキーの論考を、このように具体的に論評したのは、岡本氏が初めてであるように思う。この地点から議論が始まり、さらに研究が進展していくことを祈念したい。

　ところで、岡本氏の考察の1点めの「シツ行事の起源神話でもある」という点は初めての指摘であり、私も同感である。2点めの、神話とシツ行事つまり儀礼との関係で、岡本氏は儀礼重視の見方をとっているが、これには異論がある。

　神話研究の中では、古来から儀礼（祭祀）中心の解釈が主であったが、その後次第に神話そのものの構造を追求するなど、新しい方法が出てきた、との大林太良氏の指摘などがある（『神話学入門』1966年）。神話と儀礼という二つの関係は、つねに密接であることに変わりはないが、神話が宇宙や人間、文化の起源を語るという点でむしろ儀礼よりも始原的なもので

あると言えよう。

　ここで、20世紀型神話学者の一人、レヴィ・ストロース氏は、神話とは、「人間と社会が抱える矛盾を乗り越えていくための論理的なモデルの提供」と、考察した※19。また、ネフスキーが考察したアフリカのホッテントット族、メラネシアの民潭などや、宮古・琉球に伝わる説話などでも、表面上の素材や要素などは違っていても、人間の悲劇や矛盾を克服しようとする「構造」＝論理的な道具は、不変である。そのことを踏まえながら、宮古の「アカリャニザガマの話」について考えてみたい。

　まず、人間が蛇に負けて死ぬ運命になったという「神話1-1」の悲劇、人と蛇との対立・矛盾がある。その中で「神話1-2」は、悲劇であり死すべき運命の人間をシツ行事の若水によって若返らせることで、少しでもその悲劇・対立を和らげる、仲介するという機能を果たしているということである。

　次に、「神話1-3」も、蛇が這うようになった運命の起源を語っているが、四本足だと人間をさらに圧倒するためもぎとったということは、人間の死の悲劇を少しでも和らげることにつながってくる。

　ところで、人間の死の起源を語るこの神話伝説は、アカリャニザが、若水（不死の水）を人間の代わりに蛇に飲ませたことで、神や自然界の掟や秩序を破り、ひっかき回しながらも、人間の悲劇を自ら背負うという、トリックスター（仲介役）のような役割を演じているのも、忘れてはならないと言えよう。怠惰や失敗で罰を受け叱られながらも、話の主人公として活躍しているのである。

　この神話伝説は、人間にとって最も深刻な死の恐怖という命題を、先史宮古の人びとがどのように乗り越えていくか、いや完全に乗り越えられないにしても、少しでも人びとの存在そのものの運命を軽減していけるかを謳ったもの、と定義できるように思う。

8．おわりに

　「人間の死の起源」を述べる「月と不死」の神話伝説に出会い、ネフス

キーは、日本本土でも見られなくなった、古代の月の原思想に出会った。そして「ある民族では月を世界あるいは人間の創造者と考える」と指摘する。この神話は、宮古、琉球、日本本土、そしてアジア、世界各地に広がっている。吉田、石田の両氏が指摘するように、このテーマは旧石器時代あるいは先史時代まで遡る、人類普遍の最も古いテーマの一つだからである。そのことをネフスキーは、宮古の旅で発見し、その意味で所期の目的である、〈神話創生の中心の探求〉を、ある程度達成したとも言えるように思う。

ネフスキーの研究の仕方は、柳田國男の言うように、その土地のフォークロアのあらゆる面を歩き収集し、その全体の中で理解していく帰納法の方法である。日本における研究への批判として、ネフスキーは「国学者たちは、膨大な古典の文献を残したが、一方で今生きた民俗・民族的資料に注意を向けなかった」と指摘した。

ロシアにおける東洋学は、世界に誇る、研究機関の存在に裏打ちされた確固とした研究目的と方法をもっていたようである。「古い文化は辺境に残る」という観点から、ネフスキーは、宮古やアイヌ、東北、台湾の先住民族、西夏への視点を貫き、言語と民俗の研究に尽くした。ネフスキーは、自己の課題に対し行動を惜しまない「身体で考える学者」であり、辺境・無文字社会にオリジナルを求める開拓者でもあった。

私たちは「宮古」の視点からとともに、グローバルな視点からのアプローチも強く求められている。ネフスキー没後80年、神話学の胎動や言語学、人類学、民族学などの進展に見合う形で――。

※この論考は、宮古島市総合博物館紀要第17号「ニコライ・ネフスキーと若水の神話」(2013)を大幅に書き換えたものである。

―ネフスキー研究の近況―

2012年9月、ネフスキー生誕120年記念シンポジウムが宮古で開催され、関連行事も含めて2日間に亘って繰り広げられた。

ネフスキーに関する行事は過去数多く開かれた中で、「宮古」の視点か

ら見つめ直す、という趣向であり、その意味では画期的であったとも言える。同シンポジウムでは、まず本永清氏の基調講演、狩俣繁久、上原孝三、下地和宏、下地利幸ら各氏の研究発表などが行われた。

　同年3月には、復帰40年を記念した沖縄県による国際シンポジウムが東京で行われ、ネフスキーの宮古研究についてのパネルも設けられた。加藤九祚氏をコーデネーターに田中水絵、バクシェフ・エフゲニーら各氏が研究発表した。

　翌13年には奥浜幸子、佐渡山政子両氏らの肝入りで、ネフスキーの生涯を著わした『天の蛇』で知られる加藤九祚氏や、田中水絵氏らの講演会が宮古で開催された。

　「今後、ネフスキーの研究の掘り起こしにはロシア語による研究資料の翻訳や研究交流などが必要」と、『資料で語るネフスキー』(2003年大阪外国語大学教授の時) の編者であった生田美智子氏は指摘している。

　ところで、宮古のシンポジウムで狩俣繁久氏は、「ネフスキーは、音声記号を用いて宮古語を記録した初めての人であるが、言語学的な論文という面では具体的に見られない」と述べている。この件については、ロシアにあるとされるロシア語の資料もさらに吟味される必要性もあるが、少数のすぐれた論考や部分的な研究記録なども多数あるものの、体系的な研究まで至らなかったものが多かった、ということであろう。

　1937年のあの「悲劇」により、ネフスキーが記録から研究へと至ることができなくなり、多くが「途中」で止まったその無念に思いを致し、継承を含めた新しい研究が進んでいくことを祈念したいものである。

　まずは、言語、民俗、歌謡、神話など各分野 (他に「粛清」という政治的側面の研究も含めて) における主体の確立と展開が、当面の課題となるように思う。

　なお、ネフスキーの生涯を詳細に綴った『天の蛇』(1976年) の著者、国立民族学博物館名誉教授で、民族・考古学専門の加藤九祚氏が、2016年9月に死去、94歳。「ネフスキーは、宮古島研究のすぐれた先駆者」と述べた。ご冥福を祈る。

第4章　人類の始まりから伝わる「死の起源」神話

脚注

※1　ニコライ・A・ネフスキー（1892−1937）
ロシアの言語学者。宮古島に1922年から3回来島、言語や民俗などを調査研究し、『民族』に論考を発表。東北のオシラ様、アイヌ、宮古、台湾曹族、西夏の言語とフォークロアを研究。1937年、スターリンの粛清で殺害される。1957年名誉回復、西夏語研究でレーニン賞受賞。

※2　ネフスキーのロシア研究者のグロムコフスカヤが、『宮古のフォークロア』（1998年）の論文で述べている。

※3　ネフスキーが採集した音声表現などを交えた宮古島の方言ノート（上、下）2005年

※4　ロシアのネフスキー研究者リヂア・グロムコフスカヤの編集によるネフスキーの採集した歌謡や俗語など。1998年

※5　ネフスキーの民俗や神話論考など宮古やアイヌ、オシラ様など広範囲に発表された資料などを網羅。岡正雄が編集した。1971年

※6　柳田国男などが中心となって創刊した研究雑誌で、岡正雄らが編集に当たった。ネフスキーもこの研究雑誌を活用した。

※7　『南島歌謡大成・宮古篇』1978年

※8　現代神話学の基礎を創ったといわれる。イギリスの人類学者、『金枝篇』、（1854〜1941）

※9　『人類最古の哲学』中沢新一2002年

※10　神話学・宗教学　和光大学教授（1953−　）

※11　ドイツの神話学者。比較神話学の創始者といわれる。（1823−1900）

※12　フランスの神話学者、新比較神話学を創ったといわれる。19世紀から20世紀型へまたがる学者と、松村は分類。（1898−1986）

※13　フランスの構造人類学の創始者。神話の構造分析、『悲しき熱帯』『野生の思考』『神話論』など（1908−2009）

※14　ルーマニアの宗教学者。「起源神話こそを神話の本質とする」『永遠回帰の神話』『神話と現実』など（1907−86）

※15　アメリカの神話学者。英雄神話を重視。『千の顔をもつ英雄』『神話の力』などの著書（1904−87）

※16　松村一男『神話学講義』

※17　『世界神話学事典』（大林太良・吉田敦彦ら四氏が編集、2005年）の中で、吉田氏は世界の「死の起源神話」を紹介している。

※18　メソポタミアの神話伝説の英雄遍歴の叙事詩。

※19　松村一男『神話学講義』

［補］P187の「死の起源」神話の分布(抄)については、宮川耕次「ニコライ・A・ネフスキーと若水の神話」（宮古島市総合博物館紀要、第17号、2012年）を参照。

第5章　言葉邂逅

渡久山　章（琉球大学名誉教授）

とくやま あきら
渡久山　章
1943.1.6 沖縄県宮古島市伊良部字佐和田生まれ。名古屋大学大学院博士課程中退（理学博士）。地球化学、環境化学。「宮古島の水を訪ねて」「森と人の関係」ほか。

はじめに

　私達は言葉に囲まれて生活している。言葉の海に浸っているといってもいい。

　自分が発する言葉、それを受取る相手がいる。あるいは相手が発する言葉を、受取る自分がいる。私達は言葉を交わしながら、喜んだり、悲しんだり、なげいたり、感激したりの日々を送っている。

　そう、コミュニケーションしながらである。

　今回、私はこれまで聞いたことや経験したことの中からいくつかの話題を選んで書くことにした。

　コミュニケーションの始まりは、呼びかけである。それについて、2つ書いた。使っている言葉は同じであっても、育った環境が違う（育った島や地方が違う）と、聞いていても理解しにくい場合がある。そのことで1つ、次に私が育った島（伊良部島）の味わい深い言葉を紹介した。

　続く2つは、長い間島だけで使われていて方言と思っていたのが、実は辞書に出ていたり、本に出ていたりして、自分の不勉強さを見つけたことを書いた。

　7番目には20代の頃先生から聞いた言葉が自分の課題となって、今でもなお課題のままである言葉を取り上げた。最後に言葉は発するだけでは不十分で、具現化しなければならないことを書いた。

言葉の海に浸り、言葉の的確さ、するどさ、美しさ、面白さにふれる旅を続けたい。

呼びかけの言葉（1）
　「ハーイ」A子は呼んだ。道具を直すため、彼女達の持ち場を巡回していたおじさんは、1度の呼びかけでは通じなかった。A子は又「ハーイ」と呼んだ。周りの空気を察したおじさんが、A子の持ち場に寄って来た。A子が道具の状況を話すと、おじさんは手際よく直してくれて「自分はハーイという名前じゃないよ。佐藤という名前だから、佐藤さんと呼んでよ」と言った。
　それから何日かして、又持ち場の道具が動かなくなってしまった。A子は、佐藤さんを呼ばなければならないのに、「佐藤さん」が出てこない。仕方なく又「ハーイ」と呼んだ。佐藤さんは又かと、不機嫌そうに寄ってきて直してくれ、「自分は佐藤という名前だから……」と話して、巡回に向かった。
　時は1970年代の初め、所は東京。A子は、その年の3月、島の高校を卒業して、集団就職で出てきたのだった。仕事はオートメーション方式で、テレビを製造する工場だった。沢山の女工さん達がいくつもの列をなして、ベルトコンベアーの前に座っていた。製造途中のテレビが流れてくると、それに部品を装着する仕事だった。ところが、持ち場の道具が故障する時がある。佐藤さんは、それを直すため、女工さん達の間を巡回しているのであった。
　「佐藤という名前だから……」と教えられても、A子は他人を呼ぶのに、「〇〇さん」と「さん付け」で呼んだことがなかった。A子だけではない。彼女が育った島では1人として他人を呼ぶのに「さん付け」で呼ぶことはなかった。他家の人であっても、目上の人だとアザ（兄）やアニ（姉）を付け、例えば「ケイショウ（恵昌）アザ（兄）」、「ヨシ子アネ（姉）」と呼んだ。年下の男や女には「タケシ」や「スエ（末子）」と呼んだ。年下の呼び方は、呼び捨ての形だが、その方が呼ばれる方も親密さ

を感じた。おじいさんだと「〇〇ショウ」又は単に「ショウ」、おばあさんには「〇〇ンマ」又は「ンマ」と呼んだ。他所のおじさんのことは、例えば「寛信オヤ」と呼んだ。この場合のオヤを直訳すると親であるが、島では自分の父親と同じくらいの年齢のおじさんのことは、〇〇オヤと呼んだりした。父親が子供の友人を呼ぶのに「〇〇アゴ」と呼びかけたりもする。アゴは友人の意味なので、この場合他所の人が聞いたら意味不明になるでしょう。自分の子供と同じくらいの年齢の子供を「〇〇アゴ」と呼びかけているのですから。

島での呼びかけは「親しさ」第一なのです。島の人は皆が顔見知りで、「〇〇さん」とヨソヨソしく呼ぶことはなかった。

佐藤さんを呼ぶのに「ハーイ」を繰り返していたA子は、そのこともあって、居ずらくなり、ついに会社を辞めてしまった。

姓の後に「さん」を付けて呼んでいるのを聞いたことがなく、自分もそう呼んだことのない人が、異文化の中に入って味わう慣じめなさは、多くの悲喜劇を生んだのでしょう。この頃の若い人たちはどうだろうか。

（沖縄タイムス、2016年8月14日）

呼びかけの言葉（2）

前項では集団就職で東京へ行ったA子が会社の人を「〇〇さん」と「さん付け」で呼べなくて、会社を辞めてしまったという話を書いた。私にも「さん付け」で呼べなくて困った経験がある。

私は1966年大学院生として、名古屋大学理学部に進学した。石灰岩を造っている鉱物、炭酸カルシウムに関する研究では、最も優れていると聞いていた先生の研究室に入った。

研究室には教授の先生が1人、助教授の先生も1人、助手の先生が2人（1人は女性で、1人は男性）おられた。そんな中で教授の先生や助教授の先生と話すときには「先生」と呼び、他の人と先生方のことを話す時には「〇〇先生が」と姓に「先生」を付けた。学生の中には教授の先生のことを他所の人に話す時「〇〇さんが」と言う人もいたが、私にはそうは言え

なかった（このことは今でもそうである）。

　困ったのは、助手の女の先生を「〇〇さん」と呼びかけるのに、ずいぶん時間がかかったことである。周りの人たちは、学生も含めて「〇〇さん」と呼びかけているのに、私は1年以上もかかった覚えである。助手の先生は講義を担当してないので「〇〇先生」と呼べないし、かといって「〇〇さん」では余りになれなれしく思えて呼びづらかった。もう一人の男性助手の方の場合は、もっと早く「さん付け」で、呼ぶことができた。呼びやすかった。「さん付け」で呼びかけるのに、女性と男性の違いや、自分との年齢差などが絡んでくるのではないか。

　大学院を終えて丁度50年が経った。今自分は男女の別なく、「さん付け」にそれほど、こだわりがない。「それほど」と言ったのは、私も世間の中にいるからである。

　世間では呼びかけの言葉、その響きや意味はとても大事にされている。何故なら、呼びかけの言葉は、コミュニケーションの始まりだからである。A社では、会長さんのことも、社長さんのことも職名で呼ばず、名前に「さん」を付けて呼ぶようにしている。会長も社長も職員も全員が対等という考えでしょう。上も下もない会社、そこから豊かな創造が生まれると考えている。別の件であるが、先日ある団体から、学校の先生だった方もそうでなかった方も全員を、「さん付け」で呼ぶことにしたからよろしく、という連絡が届いた。この場合も人の対等性を重視していると思われる。

　呼びかけの言葉は話す人と聴く人の関係を表す。それがうまくできないと、前に進めない。ある人に何と呼びかけるか、上の2つの例は全員が対等の関係でいたく、親しみを込めて呼びやすくしたいためと思われる。

　世の中の出来事は、言葉で綴られている。そのスタートの呼びかけの言葉は、つまづきながら進んでいく。

（沖縄タイムス、2016年8月21日）

言葉には根がある

「言葉には根がある。それが言葉に臭い、味、色を添える。ひとつひとつの古い言葉には祖先の思いや感情や祈念がこもっていて、それがその言葉を受けついで使っている子孫に微妙な影響力を与えている。」と言ったのは遠藤周作であった（図書、1971年、10月号）。

ある日、薬局に勤めている妹が話した。「島の人が薬をもらいにきて、いろいろ話して帰った。側で二人の話を聞いていた同僚が、あの人、何と言っていたの？と、聞いてきた。共通語で話し合っていたのに、那覇出身の同僚には島の人が話す共通語は、分かりにくいようだ」と。

島の言葉に慣れてない人には、このような場合が多い。共通語を使っているのに、まるで外国語のように、聴き取れなかったりする。言葉は出身地が違ったり、関係がうすかったりすると、通じにくいのである。

私も名古屋にいた頃経験がある。学んでいた研究室では毎日4時になると、「お茶」が始まった。集まったのは、教授、助教授、助手の先生方、教授の秘書の方（お茶を準備してくれた）、学生たちで総勢10名ほどであった。テーブルを囲んで、夏はカルピス、冬は緑茶や紅茶を飲み、クッキーやお客さんが持ってきてくれたお菓子などをつまみながらであった。

教授の先生は「しゃべるために生まれてきたような方（現在94歳でご健在）」で、1時間ほどをほとんど一人占め、いろんなことをあきることなく話された。「書き物をするのに最もいい場所は電車だよ」、「Mさん（先生には後輩）は、食事を忘れて研究に集中するそう。でもとても不器用で、前に転ぶとき地面に両手を付けなくて、顔をぶつけるもんだから鼻を怪我するんだそうだ」「長野県出身の研究者には、だれそれがいる。皆な粘っこく頑張る」など、街で見かけた人々の動きやら、親しい研究者の日常の仕草や態度などを話して下さった。

勿論僕も同じテーブルに座って話を聞いていた。しかし、僕には先生が話していることが、7割くらいしか理解できなかった。

言葉の問題もあった。「はすむかい」「おいなりさん」「おちょぼさん」など、自分は聞いたことのない言葉が出てきたりした。「おニュー」など

もそうであった。

　しかし、それだけではなく、妹の薬局に訪ねてくる島の人の共通語が那覇で育った人には分かりにくいようなことが、僕にもあったと思われる。

　コミュニケーションの難しさは、時に大きな問題を起こす。夫婦や兄弟、家族でさえ、話し手の真意が伝わらないことがある。繰り返し話さなければならないときがある。

　ましてや他所で育った人どうしでは、会話の十分な理解は難しいことである。人は何度も話し合わなければならない。

　年をとると、そんなことも分かってくる。

（沖縄タイムス、2016年8月28日）

スマ（島）ウ（フ）ツ（言葉）の味わい深さ

　「タマハニガマ」おばあさんは、自分をそう呼んでいたと、ある友人（伊良部島字伊良部出身）が教えてくれた。タマは「玉」、ハニは「金属」、ここでは鉄のイメージが強い（島では金属というと、まず鉄のことなので）。ガマは愛称、かわいいという意味。従って、ハニは男の子に付ける。

　友人は字伊良部出身なので、ハニと呼ばれたとのことだが、私の里である字佐和田だと、カニという。伊良部島には字が7つあって、言葉は大きく分けて4種類ある。字伊良部と字仲地はほぼ同じ、字国仲は独特、字長浜と字佐和田はほぼ同じ、字池間添と字前里添もほぼ同じという具合である。4種類の言葉は子供だと、聴き取り難いほどであるが、長ずるにつれて、意味が分かってくる。語の違いや抑揚の違いによって、言葉の味わいは微妙に違うことも分かってくる。

　冒頭に「タマハニガマ」を上げたのは、言葉の深い味わいを感じるからである。友人は子供の頃からおばあさんに可愛がられて、育てられたとのこと。おばあさんは呼びかける度、「玉のような、かわいい我が子、宝だよ」と情けをかけておられたのでしょう。

　味わいのあるスマウツは、どの字にも、しかもいくつもある。

　私と同字のある友人が最近「ンツバナ」という言葉を教えてくれた。ン

ツは「軒」、バナは「花」。赤瓦の屋根から落ちてくる雨だれは、地面を叩くのでくぼみができる。地面の硬さにもよるが、直径5cmくらい。そのくぼみに雨だれが落ちると、くぼみにたまっている雨に当って跳ね返る。その様子を「花」に例えている。私も子供の頃、その様子をじーっと見つめていた。それはまるで"パッと開く花のよう"だった。今でも「ンツバナ」という響きの良さが、水面に当って作られる雨の花を想わせてくれる。

　この雨だれは唱歌「雨だれ」としても歌われていて、その中では「水晶の玉」となっている。本土の人も伊良部島の人も玉のような、花のような雨だれの美しさを見のがさなかった。島で"花"にしたのは、それが一番似合うからでしょう。

　ところが伊良部島でもスマウツを使う人が減っているという。島では学校を卒えるまでは、「共通語励行」の奨励もあって、共通語も使う。ところが卒業して島で仕事に就くと、特に男子は方言を使うようになる。共通語を使うとなんだか偉そうだし、ぎこちない。方言の方が意思を通じやすくするのである。男子に比べると女子は方言を使いたがらない。子供には共通語を使って広い世界に出てほしい、という潜在意識があるのかも知れない。[補1)]

　ところが今、男子の間でも方言を使っているのは、50代以上に限られて来つつあるとのこと。確かに40代になりたての甥は、私に話す時、共通語を使っている。

　島では自然の多様さが減り、橋が架かって人の関係が変わるにつれ、スマウツの味わいが生産性の対極にあるのだろうか。でも、スマウツを残す努力が必要である。

　　　　　　　　　　　　　　　　　　　（沖縄タイムス、2016年9月4日）

方言と共通語への旅

　ポンポン船が島を離れ、しばらくすると「アカヲフミ」という船乗りさんの声が聞こえてきた。

すると、他の船乗りさんが左舷側に出てきて、そこに突き出ていて、両手がかけられるようにしてある横棒を引き上げては押し、引き上げては押しを繰り返した。すると横棒を差し込んだ丸い筒（直径12～13cm）の中からドーッ、ドーッと水が噴き出してくるのであった。かなりの量であった。

　汲み上げられたアカは左舷側を水びたしにした後、船が左舷側に傾いた時、船べりに開けられた幅15ｃｍくらい、高さ７～８cmの穴から海に流れ出た。

　「アカヲフミ」の中で「フミ」は汲むである。例えば井戸の水を汲む時は「ミッ（水）ッヲ（を）フミ」と言う。「ッヲ」は「を」で「ヲフミは「を汲みなさい」という意味になる。

　では「アカ」は何でしょうか？

　「アカヲフミ」と言って、船底に溜まっているらしい水を汲み出しているのだから、「アカ」はその汲み出されている水に違いない。でも共通語では何と呼ぶのか分からなかったので、その水を的確に説明することはできず、「ポンプで汲み上げて棄てている水のこと」という他はなかった。

　名前がわかれば名前を言っただけで、説明不要であるが、名前がわからないと、説明もしどろもどろになってしまう。

　その頃の僕は、「アカ」を島の方言と思っていた。大学を卒業するまでもそうであった。小・中・高の教科書や参考書で、又大学生時代に目にした読み物でも「アカ」という文字に出会ったことはなかったからだと思う。

　20代も後半になって東京へ行くようになり、電車に乗った日のことである。ある駅に着いたものの、電車はなかなか動こうとしなかった。不思議に思っていると、アナウンスが流れてきた。それは「線路が……しているので止まっています」と聞こえた。私は……で言われた言葉を知らなかったので、アナウンスも聞き取れず、隣りに掛けている人に「今何と言っていたの？」と聞いてみた。その方は「かんすいしているって」と教えてくれた。私は「かんすい」という言葉を知らなかったので、流されたアナウンスを聞き取れなかった。

「かんすいしているって」と教えてくれた人に、「かんすいとは何ですか？」と聞いたかどうか覚えてないが、東京から戻って辞書を開いた。結果、あの時の「かんすい」は、「冠水」であることがわかった。
　水はけのいい土壌や岩石に覆われた島では、大雨でも畑や道路が水びたしになって問題になるということはなかった。ましてや線路の冠水という状態は初めての経験であった。
　人は耳で聞いていても、意味がわからないと、正確に聞き取れないか、意味不明な音だけになってしまう。外国へ行って不思議に思うのは、日本語なら離れた所で小さな声で話していても、はっきり聞こえてくるのに、外国語だと耳をそばだてて注意深く聞いていても聴き取り難いことである。私にとっては「冠水」も外国語並みであった。
　そんな訳で辞書をめくったのであるが、「かんすい」のページを読んでいるうち、「アッ」と仰天してしまった。それは、冠水の次の次に挙げられている「淦水（かんすい）」の説明が眼にとまったからであった。そこには淦水の意味として、「船底にたまる汚水。」とあり、「あか。ふなゆ。」とあったではないか。
　子供の頃から30歳近くまで「島の方言」と思っていたのが、辞書に載っていたのである。「アカ」は、島だけの言葉ではなく、日本語を使う人だれもが使う言葉であった。
　「島の方言」と思っていたのは、一人よがりの間違いであった。このことをキッカケに私は方言と共通語への旅に出ることになった。そのことは、私を広くて面白い世界に導いている。

方言でしょうか

　前項では20代後半まで島だけで使われていると思っていた「アカ」が、実は辞書にも載っていることを書いた。
　今回はもっと長く、かなりの歳になるまで、島だけで使われていると思っていた言葉（方言）を取り上げたい。
　1950年代頃も、伊良部島の人達は沖縄本島（ウツナー）に出かけて働く

人が多かった。その方々は帰島時ツト（土産）を持ってきた。「コリヤー（これは）ウツナー（沖縄本島）からのツトどうい（土産だよ）」と言って、めずらしいお菓子などをもらった覚えがある。今から60年くらい前、私が小学生から中学生にかけてのことである。

お土産とか土産という言葉は知っていたと思うが使わなかった。「ツト」の方がなじんでいたし、「おみやげ」はしっくりしなかった。

「ツト」を方言と思っていたのは「アカ」と同様、教科書や他の読み物でも見たことがなかったし、他島で聞いたこともなかったからである。

そうだったのが、60歳になってから比嘉美智子先生のエッセイ「島の季節と暮らし」（山原船、2005年、沖縄エッセイストクラブ発行）を読む機会があった。先生は沖縄本島の南部にある奥武島を訪ねて買物をされた。その訪問記の中で「さしみだけを買った苞の包を解くと、唐揚げ用の小魚や野菜まで苞として入っている」と書き、苞に（つと）とルビを付けておられたではないか。島だけの言葉と思っていたのが実は漢字まであって、日本中の人が使っている言葉だということが分かった。さっそく辞書も引いてみた。私は「アカ」と同様、不勉強を恥じざるを得なかった。

ところで比嘉先生のエッセイに触れてから10年以上経ったつい先日（2016年11月）従姉に問うてみた。「ツトは方言か？」と。すると彼女は「方言さ、方言だよ。何をねぼけたことを言っているか？」と、一喝された。

今でも島では多くの人が「ツト」を島だけで使っている言葉と思っているようである。

あと一つ「コゾ」も最近まで方言と思っていたが、やはり沖縄エッセイストクラブの安谷屋節子先生が去年に（コゾ）とルビを付けてあるのを目にした「ようこそ、2000年」（赤瓦、2000年、沖縄エッセイストクラブ発行）。「コゾ」も「アカ」や「ツト」と同様、島だけの言葉ではないことがわかった。「コゾ」についても従姉に聞いてみた。すると彼女は「方言だよ。コゾ、ミーテナリ（2年前のこと）ヤーニ（来年）、サラニ（再来年）、ツノー（昨日）、キュー（今日）、アツァ（明日）、ストモテ（朝）、ピシピ（昼）、ヨサラビ（夕方）、ヨリ（夜）みんな方言だよ」と言った。

そうでしょうか？これらのうちどれだけが島でしか使ってない言葉でしょうか？

もう一つ、今から30年程前のこと、「アカ」のことを母に話したのではないかと思う。聞いていた母は「この前徳川家康も出てくる時代劇を観ていたら、「おでき」のことを「ニブタ」と言っていたよ」と話してくれた。それまで私は「ニブタ」も方言と思っていた。それでは、体に関する他の言葉で、今でも方言と思っているミパナ（顔）、フタイ（額）オトガヤ（顎）、コサンビ（背中）、ンミウツ（胸）、バタ（腹）、ツゴス（膝）、カラソニ（脛）……などは、どうでしょうか？もしかしたら、日本で多くの人が使っている言葉かもしれない。

このように見てくると、純粋に島だけで使っている言葉は、どれだけあるのだろうか？まずは、古典を読むなど、調査を続けなければならないと思う。

科学は両刃の剣（つるぎ）

1966年大学院生として名古屋に行ったことは、前に書いた。今回は、「言葉」について、名古屋で受けた衝撃について書きたい

私が籍をおいていた大学院には、水についての物理学、水の中で起こる化学物質の挙動や生物代謝、さらに環境科学の分野で、日本や世界をリードしている先生方がおられた。それだけに、講義は目を見張るような話題ばかりであった。ただ、先生方は１回目の講義ではご専門の話題ではなく、ご自分の哲学やその頃考えておられたことを話して下さった。

ここで取り上げる「科学は両刃の剣」という言葉も、雲や雨の研究（気象学）で名高いＩ先生が最初の講義で話されたことである。

Ｉ先生は、例えば原子力についてである、として「原子力は発電（原発）や商船に使われると良い刃である。しかし、原爆に使われると悪である」と言われた。それまで「科学を使ってやることは全ていいこと」と思っていた私は、悪い刃もある、と聞いて、衝撃を受けた。

原子爆弾が広島や長崎に落とされたことは、中学生の頃から知ってい

た。しかし、それが科学とどんな関係にあるかを考えたことはなかった。科学に何の疑いも持たずに進学したので、Ｉ先生の科学観に引っかかってしまった。

　他の先生方はどう思っておられるのか？聞いてみた。ある先生は「文系の先生方の中には、自然科学の研究はこれ以上やらない方がいい、という人もいるよ」と言われた。自分の先生も同じような答えだったと思う。「科学は両刃の剣」は、学問の世界から離れているような島から出てきた20代の青年にとって、大きな課題になってしまった。

　それから50年が経った。この間、この問題は付いてまわり、湯川秀樹・梅棹忠夫対談集「人間にとって科学とは何か、中公新書、1967年」、ローマクラブが出した「成長の限界、ダイヤモンド社、1971年」、今西錦司先生らによる鼎談集「人類は滅びるか、筑摩書房、1970年」、槌田敦著「石油と原子力に未来はあるか、亜紀書房、1978年」などを読んで答えを求めてきた。湯川先生は、かって「科学とは何かは、わかりやすかった。ところが次第に分かりにくくなってきている」と話された。槌田氏は「原発のように良い刃と思っていたのが、悪い刃も持っているので、その悪い刃が出したものを対策しなければならない。科学の対策主義を考えなければならない」と言っている。福島の第一原発につながる指摘である。

　1960年代から90年代にかけて「人間にとって科学とは何か？」という科学論、未来論が盛んに論じられた。日本では、水俣病、イタイイタイ病、四日市喘息などの公害が起こり、世界でも環境問題が論じられた（例えば、レイチェル・カーソン著「沈黙の春、新潮文庫、1974年」）。沖縄では沖国大に玉野井芳郎先生や多辺田政弘先生、沖大に宇井純先生が活躍しておられた。名古屋大学のＩ先生が「科学は両刃の剣」と話されたのは、それより少し前のことであった。

　さて今、ips 細胞が発見され、113番元素が日本人によって合成され、天文学の分野では、地球型人間が銀河系に見つかるのではないかと言われるなど、科学のいい面だけが出てきているように思える。

　しかし、一方では戦後70年間「戦争に使われる研究はしない」と明言し

ていた日本学術会議が、そのことを今年、改めて検討するという。すでに防衛省から予算を獲得している大学もあるとのこと。そうなると「科学は両刃の剣」に始まる私の課題はさらに大きくなってしまう。島から出て行って20代で得た課題が生涯付いてまわりそうである。

言葉と私―言葉の具現化―

　人は思ってもみなかったことにぶつかると、「ハッ」と目覚める。言葉について、その最初は後輩のO氏から投げられた。大学院生の頃であった。ある日、何について話していたかは忘れたが、彼は「人は言葉を通して考えるのだ」と言った。聞いていた私は「言葉がなくても考えることはできるのではないか」と、反発もした。でもそれまで私は、「言葉」と「考えること」の関係を考えたことはなかった。O氏に言われてみると、やはり「考え」は「言葉」を通してであって、後輩の教えを素直に受ける他はなかった。しかもそのことをキッカケに「言葉」について、考えるようになったから、後輩の指摘をありがたく思っている。このことも伊良部島だけに住んでいては、思い及ばなかったかもしれない。

　言葉について考えるようになったといっても、例えば子供が「みずをどうしてみずと呼ぶの？」という問いかけから、ある漢字をどうしてそう書くのか？言葉の本来の意味は？など様々である。それらの中で今回は、最近出会って「ハッ」とした言葉について書きたい。

　私は40年近く勤めた大学を定年退職して、会社に入った。そこで最初に"ハッ"としたのは、「仲間は仕事のもう１つの作品」という言葉であった。考えてみるとそうだと思う。大学では仲間が何人かできた。森林学、植物学、土壌学、サンゴ礁学、文学の先生方でさえ仲間になって、研究プロジェクトを立ち上げて共同研究をした。これらの先生方は、正に仕事を通してできた仲間であり、「仕事のもう１つの作品」といえる。

　でも大学に勤めている間「仲間は仕事のもう１つの作品」を意識していたのではなかった。ただ、興味の湧くままに研究を進めていたら、仲間が出来ていたのである。本当は「仲間は仕事のもう１つの作品」を意識して

おけば、もっと親密な仲間になれたかもしれない。私の場合は行動が先で、言葉は後からついてきた。

そうではなくて、言葉が先にある場合は「言葉の実体化」、言葉を単に口から出すだけではなく、言葉と自分の一体化を目指せると思う。例えば「平和を求める」と言えば、それを体で実践し、それと一体になるということである。

会社でもこの言葉の自己化、具現化が課題になる場合がある。

例えば「一体感」という言葉である。会社では朝礼や夕礼の時、職員全員で「一体感」と言いながら、こぶしを突き上げる。でも自分の場合、ある人が声をかけてくれるまで「ただ声に出しているだけ」という状態であった。ある日、Bさんと声をかけてくれたCさんと3名で、各々がどんな仕事をしているかを話し合う機会があった。Bさんと私が話し終えると直ちにCさんは「夫々が違う仕事をしているのに、目的は同じなんですね」と言った。その声かけが、私の「一体感」に対する思いを"ガラッ"と変えた。「各々が違う仕事をしているのに、目標は同じである」、このことは、家族間にも通じる。夫婦ゲンカあり、親子の言い争いもあるが、目的はいい家庭をつくることである。そう思うと、ケンカや言い争いや各々がやっていることが、いい家庭を作る方向に「一体感」を持って進むことができる。

「一体感」は、社会にも通じる。様々な仕事があり、多様な人が生活しているが、「いい社会を造る」「平和で経済的にもしっかりした基盤を持った社会をめざす」を目的に進むことができる。

人類は、いろいろな財を後世に残すのだが、最も大事なものは、「言葉」ではないかとある人が言っていた。言葉の奥深さを学びたいと思う。

補1） 男子は方言を使いたがることについて、奄美大島に住んでいた島尾敏雄さんは「小中学生が、高校に進学すると、女子生徒はそのままその「名瀬普通語」を話すが、どうしてか男子生徒はそうしないで島の方言だけで話そうとする」と書いている（名瀬のことば「名瀬だより」農山漁村文化協会、1977年）。男子が方言を使いたがるのは伊良部島だけではなさそうである。

第6章　人の出会いは天の力となる
―宮古の5先人との出会い―

垣花 豊順（琉球大学名誉教授）

かきのはな　ほうじゅん
垣花 豊順
1933.7.3 沖縄県宮古島市城辺字保良生まれ。スタンフォード大学ロースクール大学院博士課程修了（法学博士）。刑法、刑事訴訟法。『刑事訴訟法』『個の尊厳について』『教育の根本理念は個人の尊厳である』ほか。

プロローグ

　各人の人格は、人との出会いによって形成され、人間社会の歴史は人と人との出会いによって形成される。人と人との出会いは、個人の運命を方向づけ、時代の潮流をつくる原動力となる。

　人と人との出会いは様々である。この世に現存する人に直接に会うこともあるし、夢で会うこともある。また、著書、絵画、音楽等を通して歴史上の人に出会い、その教え、影響を受けることもある。

　天の定める法は、万物の調和を図って全てを永続的に生かすことである。地球は太陽を1つの焦点とする楕円軌道を公転・自転している。公転することで1年の日数365日と春・夏・秋・冬の四季を定め、自転することで1日は24時間で昼と夜があることを定めて、動・植物の活動する時と休む時を定めている。換言すると、天の法は地球を構成する鉱物、植物、動物の三者を相互依存、循環、調和させて統治し、地球を生命の星として永続させている。人の定める法律は天の定める法に従って制定されるべきである。

　この世で生きる私たちの使命は、天の法を地上で具体化する観点から自然の恵みを重んじ、土・石の鉱物、その上に生える草木、草食・肉食動物の調和を図る活動を通して、地球を生命の星として保全することに努め、

己の人格形成を陶冶することである。草・木の種は土・石に出会って、天の法に従ってそれぞれの遺伝子の実を結ぶ。それと同じように、人は他人との出会いで、先祖から受け継ぐ体の遺伝子、己に内在する魂の力を引き出して実を結ぶことが出来る。人と人との出会いは、出会いの意味を重んじて、その思いを実行することで見えない天の力となり、実を結ぶことになる。

　人は母親の胎内で10月10日の月日を過ごしてこの世に生まれる。
　胎内では全てのことは、母親の臍の緒を通して満たされていたが、この世に生まれることは、不安で危険が伴う。この世に生まれる時に通過する母親の産道は狭くて暗く、一人で前に進むことはできない。見えない力に押されて頭を先にして螺旋状のトンネルを命がけで進むと、急に光の溢れるこの世に押し出される。感嘆して産声を上げると同時に生まれる土地の空気を吸うことになる。

　人がこの世に生まれて最初に出会うのは母親であり、父親であり、その家族である。各人は最初に出会った母親、初めて吸う土地の空気の影響を受けて、各自の魂に内在する個性に満ちた人格を形成する。産声と共に初めて吸う土地の空気は、各人の肺の深奥に宿ると言われている。生まれ故郷を懐かしく感ずるのはそのためである。

　各自の家庭内の生活は、地域社会の慣習、国策、その時代背景の影響を受ける。言い換えると、各自は肉体先祖、生まれ育った家庭、地域社会、国、その時代の影響を受けて、それぞれの個性に満ちた人格を形成する。

　胎内にいる時は子宮を全宇宙と思っていたが、この世に生まれてみると、この世は、限りなく広がっていることに気付き、己の無知を自覚するようになる。生まれた時は、母のオッパイを貰うことで満足し、やがて、己の足で歩いて自分の欲望を満たし、自分の能力を高めることが出来ることに喜びを感じる。数十年の年月を経てあの世が近い年齢になると、自分のやっていることが他の人や地域社会に役だっていることに喜びを感ずるようになる。

　このように見てくると、人と人との出会いは偶然のように見えるが、天

の法は、人と人との出会いは長い年月をかけて網の目のように繋がり、それぞれの意味があることを教えている。

本稿の目的は、偶然のように見える人と人との出会いは、実は人知を超えた天の計らいであることを示す三つの事例を紹介することである。

「宮古の自然と文化を考える会」に集う私たちの活動は、宮古の島々に生まれ育った人と人との繋がりの意味を理解し、その絆を深めることである。人の制定する法だけでなく、天の法に従って宮古の土地、海、空、そこに住む動植物が相互依存し、持続的に生存することに努め、宮古の島々に生まれ育った人々、延いては人類の幸せについて、それぞれの手の届くことを実践することである。

1. 矢内原忠雄東大総長と池間誠中学2年生との出会い

矢内原忠雄（1893～1961年。以下、矢内原総長）は東京大学総長在任中の1957年1月16日～20日までの5日間、琉球大学と沖縄教職員会との招きで沖縄に来られ、沖縄本島の各地で7回にわたって講演された。その第1回講演は16日14時から、首里城跡地に在った琉球大学本館前の広場で、「世界、沖縄、琉球大学」の演題で行われた。

当時は、沖縄は米国の無期限統治下にあって、沖縄の将来は不透明で人々は前途を憂え、閉そく感に覆われていた。当時の沖縄教職員会の会長は屋良朝苗で日本復帰運動を推進していた。屋良会長名で矢内原総長を招へいすると、当時の米国民政府から拒否される虞があった。その為、琉球大学学長安里源秀名で招へいして、来沖は実現した。

私も聴衆の一人で、地面に座って時の経つのも忘れて、先生の講演を拝聴した。

先生は復帰運動の在り方、軍用地の問題等については直接には触れられなかった。東京大学総長の立場で米国の沖縄統治、軍事基地の問題について具体的に言及すると政治的な問題になるからである。それらの問題については、「強者が権力に基づいて弱者を支配することは、長年は続かない」との観点から、一般的、抽象的、示唆的な形で講演された。屋良会長

を含め、多くの沖縄県民は矢内原総長の真意に励まされて沖縄の本土復帰を実現させた。

矢内原総長は旧制第一高等学校に在学中に、無教会主義キリスト教徒の内村鑑三が主宰する聖書研究会で内村鑑三と聖書に出会い、キリスト教徒になった。内村鑑三との出会いが新渡戸稲造との出会いに繋がり、新渡戸稲造が国際連盟事務次長に就任することに伴い、新渡戸稲造の後任として東京大学で植民政策を講ずることになった。

1927年(昭和2年)『中央公論』に「戦争と平和」と題する評論を寄稿し、日本の軍国主義化を批判した。1937年(昭和12年9月)『中央公論』に今度は「国家の理想」と題する評論を寄稿し、国家が目的とすべき理想は正義であり、正義とは弱者の権利を強者の侵害圧迫から守ることであると強調した。

これらの評論は、天皇を現人神と崇める当時の教育理念に反するとの理由で当時の土方経済学部長を始め、多くの教授から追及され、大学から追放される形で辞任した。矢内原の日本の未来を危惧する予言は的中して軍国主義が台頭し、やがて荒れ狂う津波のように第二次世界大戦に突入した。日本のハワイ真珠湾奇襲攻撃で始まった日米間の戦争は米国の広島、長崎への原爆投下、沖縄の軍事占領で1945年(昭和20年) 8月15日に敗戦の日を迎えた。東京大学を追放される形で辞任した矢内原は、日本の敗戦に伴い、三顧の礼で東京大学に迎えられ、南原繁の後任として1951年(昭和26年)に総長に就任した。

「国家の理想」を執拗に攻撃し、矢内原を辞任に追い込んだ蓑田胸喜は、戦後首つり自殺した。己の良心の裁きを受けたのである。

理想と現実が衝突する揚合、例えば沖縄における普天間飛行場を名護市辺野古に移設することについて日米両政府が合意し、翁長雄志県知事が反対しているような問題については、矢内原総長は、人の心について定める天の法「神は、また、人の心に永遠への思いを与えられた」(旧約伝道者の書3章11)に従い、自然の恵み、美しい自然環境を永遠に保全する観点から、抽象的ではあるが名護市辺野古における新基地の建設、海の埋め立

ては阻止すべきであることを示唆すると、考えられる。

　1月18日午後はコザ中学校で教職員を対象に「戦後の教育理念」の演題で講演された。当時コザ中学校2年生の池間誠は、この講演会で「希望に生きよ」との矢内原総長の言霊に出会って矢内原に憧れ、同じ国際政治学を専攻する道を歩んだ。

　矢内原総長の教育理念に関する核心は、民主的な人間、平和的な人間の育成である。言い換えると、各人は生まれながらに自由・平等で、掛け替えのない貴い存在であるとの普遍的な真理に基づいて、各自の人格完成に向けて努力することである。

　知識が豊富であっても、教えることだけでは悪人を善人に生まれかわらすことはできない。普遍的な真理について希求し、宗教、即ち人間を超える能力と愛を持つ霊的な神を信ずることによって、個の尊厳に目覚める人間の育成に努めることが普遍的な教育理念である。

　中学2年生の池間誠は、講演の内容を十分に理解することは出来なかった。それでも、矢内原総長の深い信仰心に基づく「希望に生きよ」との言霊は池間少年の心に深く刻まれ、人生の指針になった。

　池間の父親は池間義雄氏で検察官を退任後、当時のコザ市で弁護士事務所を開設していた。出身地は宮古島市平良で研究熱心な弁護士であった。中学2年生の池間が教職員を対象にした「戦後の教育理念」に関する講演会に参加した経緯についてはつまびらかではない。矢内原総長の講演内容については、新聞で詳しく報じられていたから、教育熱心な父親の影響を受けて参加したと考えられる。

　池間少年は小樽商科大学へ進み、更に一橋大学大学院で、矢内原総長と同じ国際政治学を専攻した。国際政治学会に入会した池間は、矢内原総長の二男で当時慶応義塾大学教授の勝（かつ）氏の知遇を得て研究活動に精励するようになった。

　1995年当時、経済学部長の要職にあった池間は矢内原忠雄先生の教えを沖縄に広げたいと念じて、矢内原文庫を琉球大学に設置することを勝氏に提案した。勝氏は矢内原が沖縄に対して深い関心を持っていたことを重ん

じ、沖縄の地理的、歴史的背景を考慮して南洋群島調査資料を主体にして著書と直筆原稿を琉球大学に寄贈された。

小樽商科大学で池間と一緒に勉強した宮城隼（当時、琉球セメント専務）は本の運搬・受け入れに伴う必要経費を援助し、一橋大学で池間の先輩である琉球大学法文学部教授（当時）の富永斉は、大学の受け入れに伴う手続きを引き受けて、矢内原総長文庫は設置された。

偶然のように考えられる矢内原総長と池間少年との出会いは、見えない天の力で今日も広げられている。（琉球大学附属図書館『びぶりお』17号、1995年7月を参照）。

私は、東京の池間家を訪ね、ご尊父池間義雄氏のご霊前に宮古の酒を供えてご存命中のお礼を申し上げ、ご冥福を祈った。

2. 青年教師豊見山恵誠と中学2年生平恒次少年との出会い

2014年11月3日、豊見山恵誠著『私の文集』（70頁）が出版された。監修はコージ・タイラで発行者は元沖縄国際大学学長 波平勇夫個人である（以下、波平先生）。波平先生は豊見山恵誠と会ったことはないが、米国イリノイ大学名誉教授の平恒次先生（1926年生まれ）との出会いで、同書の発行者になった。豊見山恵誠と波平先生との出会いは、平恒次先生の長年の願いが天の力となって実現したのである。

波平先生は2011年10月8日、アメリカ在住の平恒次先生から手紙を貰った。手紙の内容は、宮古中学2年の時に垣根越しに出会った豊見山恵誠の遺した『私の文集』を出版してくれということである。

私は波平先生より数年前に、平恒次先生から同書の出版を頼まれた。年月日は覚えていないが、波平先生が学長をしておられる時に、夜の会合で平恒次先生にご挨拶をして大学から那覇市内のホテルへ、私の車でお伴したことがある。

その際に、先生から「あんたは保良出身の豊見山恵誠と言う人を知らないか」と尋ねられ、驚いた。恵誠は豊見山家の二男で、実兄恵朝（長男）の妻ツエは私の叔母（父の妹）だからである。平先生から中学2年生の時

に垣根越しに出会った恵誠が遺した「私の文集」の原稿を現在も大事に保管しておられるとのお話を聞いて、更に驚いた。通常人の常識では考えられないことである。

　古代ギリシャの哲学者プラトン（前429年頃～前347）は、魂は不滅であることを、師のソクラテス（前469～前399）との対話「ソクラテスの弁明」で説いている。若い豊見山教師と中学2年生の平恒次とは、現世を超えた魂の繋がりがあることを暗示しているように考えられるので驚いた。

　平恒次先生は、車の中で、アメリカで一緒に住んでおられる母上にお休みの電話をされた。胎内では臍の緒で結ばれていた親子関係は、地上では心で結ばれているのである。魂は永遠の生命を宿していると考えると、豊見山恵誠と平恒次先生とは、見えない魂の世界で何らかの繋がりがあると、考えるべきであろう。

　恵誠のご尊父恵忠（明治17年4月生）は、教育に熱心で現在の協栄バス会社の創業者である。豊見山翁は時間を大切にする勤勉な方で、戦時中に防空壕に一緒に避難したとき、防空壕の中でアダンバ草履を編んでおられたのを覚えている。御母堂メガ（明治17年8月生）は、寡黙で言葉使いの優しい方だった。バス会社の社長は孫の健児で（観光協会会長）、宮古では名の知れた従弟である。

　前記三人は恵誠の遺品があることについては知らないし、語ることもなかった。

　長男の恵朝（明治41年6月生まれで、昭和32年6月死去）は満州から帰国後、福嶺小学校の教員をしていたが、恵誠の遺品について語った事はなかった。ツエ伯母（平成28年　102歳で死去）から工藤恵栄（三男）は東京教育大学教授、その長男工藤博は筑波大学の教授であること、恵一（四男・大正6年1月生）は戦争で死亡したことについて聞いた覚えはある。しかし、恵誠の遺品について聞いたことはなかった。恵一の妹トヨ（大正7年9月生）は砂川清次（小学校教師・校長）と結婚し、三人の子ども、清栄（会社社長）、道男（那覇警察署長で退任）、儀武美智子（民宿経営）に恵まれている。砂川清次家族からも遺品のことについて、話を聞いたことはなかっ

た。

　私は『私の文集』の内容よりも、高名な学者であられる平先生が、長年にわたり原稿を宝物のように保管しておられることに感動し、先生の長年の願いを実現したいと念じるようになった。しかし、次の理由で、『私の文集』を「宮古の自然と文化を考える会」から出版することはできなかった。

　「宮古の自然と文化を考える会」は、これまで第3集を出版し、本書は第4集である。第1集から第4集は、宮古の自然、水、農業、動物、歴史、民族等について専門家の見地から書かれた論文集である。これらの論文は、現世に生きる人と人との出会いが中心になっている。会の執行部では、過去の先人との出会いを中心にした本の出版について話題にしてきたが、まだ実現はしていない。

　本を出版する揚合、当然のことながら出版の意義、目的、経費等について執行部で検討しなければならない。

　豊見山恵誠の『私の文集』は、当時の若い教師の考え方を知る資料的価値はあるが、単独で出版することは無理だと判断された。当時の天皇を現御神と崇める教育理念の下で書かれた教育論と現在の個の尊厳を根本理念に据える教育理念とは、合わないからである。

　そこで、豊見山家の長男、恵朝は福嶺小学校建設の際に功労があり、三男の工藤恵栄は筑波大学教授として研究実績があるので教え子の協力、歴史家の仲宗根将二氏の指導を得て、豊見山恵誠、工藤恵栄兄弟の伝記を中心にした本の出版を考えた。

　平成25年6月3日、私は東京都八王子市石川町2967-5にある日本分光株式会社（日本分光）を訪れ、事前に連絡してあった総務部長高橋慎二氏の案内で、武田順司社長にご挨拶をして、日本分光の設立経過、設立理念、将来への構想等について説明を受けた。

　同社は東京文理科大学大久保分室で朝永振一郎（のち、東京教育大学長、ノーベル物理学賞受賞）、藤岡由夫（のち、理学部長、当社最高顧問）、工藤（旧姓豊見山）恵栄（のち、筑波大学教授、理学博士、当社最高顧問、宮古島

市保良出身)、宮嵩直(のち、当社代表取締役社長、名誉会長)らが研究・開発した光研DS-301の製造、販売を主な目的として1958年(昭和33年) 4月1日に設立された会社である。設立の理念は「科学者が科学の進歩に奉仕する」で、世界に通用する超一流の技術を目指し、現在は宇宙開発に関する研究も進められ、世界57カ国からの製品の注文、製造、販売をしている。工藤恵栄の日本分光に関する専門書は、現在でも貴重な基本書だとのことだった。

　砂川清栄は大きな会社を経営していることを聞いていたので、当日、電話で連絡をとって、2008年4月1日に出版された『日本分光五十年史』に、工藤恵栄は同社の最高顧問として、写真で紹介されていることを説明し、同人の伯父に当たる恵誠、恵栄の伝記を中心に、教育に関する本を出版することについて相談した。その際、豊見山兄弟だけでなく、数人の宮古群島先人の歩んだ足取り・業績も合わせて紹介することの方が、有意義と考えられることについても話し合った。平恒次先生が『私の文集』の原稿を大切に保管しておられることを告げると大変感動していた。工藤恵栄の業績についてはインターネットで調べ、恵栄伯父さんがノーベル賞を受賞した朝永振一郎博士と共同研究したことを誇りにしていた。

　手紙で本の出版について工藤博と相談したところ、『私の文集』の原稿が保存されていることに感謝し、父親の伝記・業績を本にすることについては賛同したが、積極的ではなかった。工藤恵栄は地道に研究するタイプで、偉い人として紹介されるのは、性分に合わないだろうとのことだった。

　2013年11月9日、ホテルロイヤルオリオンで平恒次先生の米寿祝が開催された。司会は喜屋武臣市、乾杯の音頭は比嘉幹郎、呼びかけ人代表は瀬名波榮喜(名桜大学学長)で、東江康治(元琉大学長)、大田昌秀(元県知事)、砂川恵伸(元琉大学長)らから祝辞が述べられ、波平勇夫(元沖縄国際大学学長)が閉会の挨拶をした。お祝に参列した全員は、平恒次先生を、宮古島出身の先人として伝記を出版することについては、賛同すると考えられる。

第6章　人の出会いは天の力となる

　平恒次先生のご尊父慶世村恒任は、『宮古五偉人伝』『宮古史伝』等の著者として知られ、宮古島市熱帯植物園に大きな顕彰碑「宮古研究の父、慶世村恒任之碑」が建立されている。
　平恒次先生の祝賀会に参列して考えたことは、前記の「宮古五偉人伝」を乗り越えて、人と人の出会いは天の力となって明日を拓くとの観点から「宮古五先人との出会い」（案）の本を出版する時が来ていることである。「宮古の自然と文化を考える会」の役割は、次世代へ送るメッセージの本を出版することである。豊見山兄弟の伝記を中心にした本は、次世代へ贈る本としては出版目的が狭い。それに加え、資金集め、本の販売が困難になることが予想された。
　私は2013年11月9日、先人である慶世村恒任、稲村賢敷、金井喜久子、砂川正亮、工藤（旧姓豊見山）恵栄の5名との出会い、青年教師豊見山恵誠と中学2年生平恒次との出会いを素材にして次世代へのメッセージとなる本の出版を提案した。平恒次先生が『私の文集』を宝物としてこれまで保管されていた事実は、人と人の出会いの意味について考え、歴史に学び、未来を拓く指針として、次世代に送るメッセージになると考えたからである。
　平恒次先生を含め7名の委員で検討した結果、『私の文集』は教育論、旅行記、詩等の多方面に渡り個人的な内容になっていること、及び平恒次先生が単独で出版したいとの希望が強かったため、単独で出版されることになった。私が心配した出版費用は波平先生が負担した。『私の文集』の出版をよろこんだ砂川清栄は出版費よりも多い寄付金を波平先生の口座に振り込んでいるので、結果的に残った寄付金は、今後の出版費用に充当されることになっている。平恒次先生の『私の文集』を出版したいとの熱い思いが、清栄の魂を揺さぶったのである。
　私の提案した『宮古五先人との出会い』は、次の3で述べる『宮古の5先人との出会い―人の出会いは天の力となる―』のタイトル（案）で出版準備を進めている。

3．宮古の5先人との出会い―人の出会いは天の力となる

　平恒次先生がスタンフォード大学の准教授をしておられる頃、私は団藤重光先生の『刑事訴訟法綱要』を英語に翻訳した、ミシガン大学教授B・J・George先生のご指導を受けて、スタンフォード大学のロースクール大学院で「A Total life Approach for Dealing With Mentally Disordered Criminals」（精神障害犯罪者の処遇に関する総合的研究）の論題で論文を書く機会に恵まれた。論文を書くに当たって困った事は、魂は永遠の生命を宿しているか、精神病の原因は何か、等について論究しなければならないことである。

　この難しい問題についての答えは、意外にもスタンフォード大学建学の理念に見つけることができた。同大学の建学の理念は「Heavenly Law Shall be Practiced On The Earth」（天の法は地上で実践されるべきである）である。

　スタンフォード大学の正式な名称は、16歳で病死した一人息子の氏名に因んだ「The Leland Stanford Junior University」である。

　スタンフォードは法律家で、鉄道建設で事業に成功し前途有望な政治家だった。ところが1人息子が病気で16歳で病死し、前途に希望を失って嘆き、悲しんでいた。すると、あの世にいる息子が夢に現れ、「お父さん、私はこの通り元気だよ。悲しまないで若者のために学校をつくりなさい」と励まされた。スタンフォード大学はあの世にいる息子から、魂は永遠の生命を宿していることを教えられた父親が、息子の名に因んで命名し、天の法を地上で実践するために建設された大学である。

　スタンフォードが実践することに努めた天の法は、一般には黄金律として知られる「人にしてもらいたいと思うことは何でも、あなたがたも人にしなさい」（マタイによる福音書7章12節）である。

　精神病は、ものの考え方が、天の法から大きく外れることに起因するこころの病気である。

　「宮古の自然と文化を考える会」は、次世代を担う若者の参考になる本の出版を計画し、その一環として、2016年2月20日、宮古島市立「働く女性の家」で、宮古の5先人の教えを継承するためのシンポジウムを開催し

た。
　5先人の氏名、業績、パネリストは下記のとおりである。
1．慶世村恒任（1891〜1929）：郷土史家、水不足を解消するために井戸を掘って地域に開放。現在も井戸は残っている。パネリストは宮古島市史編さん委員長仲宗根将二氏。
2．稲村賢敷（旧姓上運天）（1894〜1978）：郷土史家。ネフスキーに宮古方言を教え、宮古の歴史を広く紹介。パネリストは、琉球大学名誉教授の伊波美智子氏。賢敷の孫。
3．金井喜久子（1906〜1986）：作曲家、琉球の民謡を広く紹介。パネリストは新城悦子氏。保育所園長で喜久子の教え子。
4．砂川正亮（1888〜1967）：宮古初の医学博士、郷里七又に多大の貢献。パネリストは伊志嶺亮氏。医者で元宮古島市長。
5．工藤（旧姓豊見山）恵栄（1914〜2004）：筑波大学教授、理学博士。日本分光株式会社最高顧問。ノーベル物理学賞を受賞した朝永振一郎らと分光に関する研究で学会に貢献。パネリストは琉球大学名誉教授沢岻英正。恵栄の弟子。

　本稿における「先人」とは、宮古群島に生まれ育って、人の道・天の法に従ってそれぞれの天命を全うし、それぞれの職業、社会活動を通して社会に貢献して、次世代の人々の生き方に関するモデルとなる人物という意味である。

　2016年2月20日に開催したシンポジウムでは、5人を「先達」と位置づけた。「先達」はそれぞれの道を極めた人の意味に解され、5人を「先達」と位置づけることもできるが、「先達」であるか否かは歴史の審判に委ねることが賢明であろう。

　「偉人」は世のために立派なことを成し遂げた人と解される。立派なことであるか否かは時代、国により異なる。

　常識では、総理大臣や東京大学総長になる人は立派なことを成し遂げた「偉人」と解される。しかし、天皇を現御神と崇め、国民に対して滅私奉公を強いる総理大臣、東京大学総長のものの考え方が、国家及び個人を

不幸に陥れることがあることを歴史は教えている。卒業式の告示で「皇基の振起」を説き、天の法で定める個の尊厳を無視した東京大学初代総長の渡辺洪基、日米間の戦争を遂行した東条英機は歴史の審判を受けて、「偉人」とは解されていない。

　伊波普猷（1876年3月15日〜1947年7月9日）は自由主義者で沖縄学を成し遂げた「偉人」として位置づけられ、伊波普猷の業績を顕彰する賞も設けられている。そのことについて批判する伊佐真一氏（2017年度の伊波普猷賞受賞者）は10年程前に『伊波普猷批判序説』を著わし、伊波普猷（以下伊波）は真の自由主義者ではないことを、東京新聞に掲載された伊波の投稿に基づいて、次のように主張している。

　「沖縄人は皇国民であり、天皇の赤子なのだから、その気持ちで米軍を「遊撃」せよ」と東京新聞に投稿している。遊撃とは迎撃の意味である。

　伊波の思想は東京帝国大学卒業論文を書く頃は「ヤマトと沖縄の関係は姉妹の関係から親子関係」に変わっている。伊波の東京新聞に掲載されている投稿は、卒業論文に基づいて書かれたもので伊波について批判的な見地から研究する必要があることを伊佐真一氏は強調している（2017年2月22日。沖縄タイムス21頁）。

　慶世村恒任の著書『宮古五偉人伝』についても、「偉人」の人物像をめぐって批判がなされる可能性はある。

　伊波普猷、慶世村恒任の業績について批判的な見地から研究がなされることは、両人の名を貶めることにはならない。各人の人格形成は先に述べたように、その人の生きた時代背景・天皇現御神の影響を受けるからである。

　歴史の批判・洗礼を受けて「偉人」と位置づけられる人は、時代を超えた真理即ち神理を希求し、真理に生きる人だと解される。ギリシャの哲学者ソクラテス、ソクラテスに師事したプラトン、ドイツの哲学者カント等は偉人として歴史にその名を刻まれている。

4．宮古の自然と文化を考える会の役割

　現代は明治維新、敗戦に次ぐ第3の時代変動期である。

　日本は敗戦の歴史に学んで日本国憲法を制定し、憲法の三原則である国民主権、基本的人権の尊重、永久平和の施策で敗戦から復興を成し遂げている。しかし、憲法13条に定める生命、自由、幸福追求権の根本にある個人の尊重・尊厳は、指導者及び国民に浸透していない。

　1946年（昭和21年）1月1日、昭和天皇は敗戦の歴史に学んで、人間宣言をした。その抜粋は次の通りである。

「朕ト爾等国民トノ紐帯ハ、……天皇ヲ以テ現御神トシ、且日本国民ヲ以テ他ノ民族ニ優越セル民族ニシテ、延テ世界ヲ支配スベキ運命ヲ有ストノ架空ナル観念ニ基クモノニ非ズ」

　天皇の人間宣言に伴い、1948年（昭和23年）6月19日、衆議院は憲法98条（最高法規）に基づいて、教育勅語排除に関する決議を行い、参議院は失効確認に関する決議をした。

　平成天皇は象徴天皇の浸透に努められ、存命中に退任する制度の確立を求めておられる。しかし、安倍総理大臣は、天皇の地位を現在の象徴から国家元首に変える自民党憲法草案に基づいて、憲法を改正することを目論んでいる。稲田朋美防衛相は2017年3月8日の参院予算委員会で「教育勅語の道義国家を目指すべきだと言う精神は変わらない。その精神は取り戻すべきだ」と答弁している（沖縄タイムス2017年3月9日3頁）。

　稲田防衛相の答弁は、教育勅語を排除し、憲法13条に基づき民法第2条に「この法律は、個人の尊厳と両性の本質的平等を旨として、解釈しなければならない」（昭和22年法222で本条追加）が制定されていることを無視又は忘れている。道義国家の目指す方向は「個の尊厳」を実現することであって、教育勅語に定める天皇を現御神と崇めることではない。

　大阪市の学校法人森友学園は、園児に教育勅語を暗唱させ、「安倍総理大臣は偉い人」と、唱えさせている。韓国人、中国人を蔑視する同園の幼

児教育は、戦前の教育勅語に基づく教育の再来が懸念される（2017年3月3日沖縄タイムス5頁）。

　物質で証明する自然科学に関する研究は細分化して進歩し、人間の欲望を満たすことに大きく貢献している。人工頭脳に関する研究は、物を造る技術を生み、それに従ってエネルギー消費量は止まることなく上昇している。

　自然科学の進歩に伴って発生する解決困難な問題、例えば原子力発電所の是非、地球温暖化に伴う問題を解決する方策は、結局は人間の物の考え方を天の法に従って正すことである。地球は太陽の光線で太陽に結ばれている。地球は太陽系惑星の中で言わば、母親の子宮が臍の緒を通して胎児を護り育むのと同じように、地球は太陽の熱・光を通して地上の万物を生かしている。

　私たちの住んでいる地球の営みの意味について思索し、万物を生かす天の法に従って個人の生活、社会、国家の施策を実行することが、困難な問題を解決する方策だと考えられる。

　天の法の下では、天皇も農夫も生命、自由、幸福追求権を賦与された掛け替えのない貴い存在である。天の法を地上で実践するために、憲法に定める「個の尊厳」を浸透させると、人権に関する問題の解決は容易になる。

　宮古の貴重な資源である地下水、渡り鳥の飛来する自然環境を保全し、永続的な繁栄を享受するためには、天の法である循環と万物の調和を人の働きで実施することが必須である。

　人の働きは人と人との出会いによって強化され、持続される。人と人の出会いは現世の人だけでなく、過去に生きた先人との交流もなされると天の力となる。魂は永遠の生命を宿し、現世の人は過去に生きた先人から知恵を学ぶことができるからである。

　「宮古の自然と文化を守る会」の役割は、現世に生きる人と人との出会いだけでなく過去に生きた先人との出会いの機会もつくり、未来を拓く若者に天の法に従った人の生き方に関するモデル事例を提供することである。

あとがき

宮古の自然と文化を考える会
会計　長堂　芳子

　夏に精いっぱい背伸びして枝を広げた木や花たちが、秋の気配に少し落ち葉が増えてきた時期になっていた。玄関のアプローチに仕舞い忘れたバケツがある。たったそれだけの事なのに、バケツの周りに落ち葉やどこからか飛んできたゴミが集まる。これまで、そのバケツの置いてある場所にゴミがたまることは決してなかった。アプローチという小さな空間の空気の流れが明らかに変わったと感じる小さな出来事だ。

　高橋そよ論文「サンゴ礁と共に生きる知恵」は、漁師たちの細かい自然に対する観察力の鋭さを見る。風をよみ、潮をよみ、地形を知り、獲物の習性を知る。全てが生きるために必要な知恵なのだ。高橋さんが佐良浜の人たちとの出会いに導かれ、その恩返しのためにこの論文を仕上げたという件にはあついものがこみ上げてきた。

　私たちの周りでは、今日も「人のため」「地域の発展のため」という名目で、様々な大小の工事が行われている。一つのバケツを置き忘れただけの比ではない。大きな環境の変化が複合的に何かしらの形で表れているはずだ。漁師達こそは、護岸工事や農地改良工事など様々な工事が、島やその周りの環境に与えた影響を敏感に感じ取っているに違いない。

　私は、仕事がら年中人の口の中を見ている。人工的に被せたり詰めたりしているものは色や形で判別できるが、歯の型を採り石膏色一色の模型にしても天然歯と人工歯の見分けはつく。いくら腕のいい歯科技工士が天然歯を真似て限りなく近づけて作ったとしても、天然歯の持つバランスの取れた美しい機能形態には残念ながら及ばない。たかが、口の中という小さな世界でも人は天然の状態と決して同じように再現はできないのだ、といつも感じている。

自然は失ったらもう人の力では元には戻せないものなのだ。私たちはどれだけ環境を傷つけたら幸せになれるのだろうか。

羽地邦雄論文の中で、レイチェル・カーソン「沈黙の春」の中の「野鳥たちを含む食物連鎖のバランスこそ、自然環境の指標であることを見失ってはならない」の一節が紹介されている。彼女の書いた「センス・オブ・ワンダー」という本（上遠恵子訳　新潮社版）がある。その中で書かれている一部をも紹介したい。

子どもたちの世界は、いつも生き生きとして新鮮で美しく、驚きと感激にみちあふれています。残念なことに、わたしたちの多くは大人になるまえに澄みきった洞察力や、美しいもの、畏敬するものへの直感力をにぶらせ、あるときはまったく失ってしまいます。

もしもわたしが、すべての子どもの成長を見守る善良な妖精に話しかける力をもっているとしたら、世界中の子どもに、生涯消えることのない「センス・オブ・ワンダー＝神秘さや不思議さに目を見張る感性」を授けてほしいとたのむでしょう。

この感性は、やがて大人になるとやってくる倦怠と幻滅、わたしたちが自然という力の源泉から遠ざかること、つまらない人工的なものに夢中になることなどに対する、かわらぬ解毒剤になるのです。

渡久山論文の「言葉邂逅」の中に「ンツバナ」という方言がでてくる。ある日の事、外出先で突然雨が降ってきた。公園の休憩所に避難し、何気なく目の前の池の水面をみていた。雨が水面を打つ時に弾けて真珠のような丸い水滴が生まれ来る。水面全体に沢山の真珠が現われては消えていく美しいその光景にしばし言葉を失った。私は、何十年も身近にあるこの美しいものに気付かないでいたのかと、自分の鈍感さに悲しくなった記憶がよみがえる。雨の花。先人達の何と素晴らしい感性だろう。

子どもの頃に、大自然に触れ、大きな海に沈む夕日、限りなく青い空と

海をくっきりと隔てた水平線はどこの世界にでもある当たり前のものだと思っていた。島を出て、外から島を見つめなおした時に、それらが島の大きな財産であり、自分自身にとっても原風景だということに気付かされた。島を出ないと気付かなかったものだ。その風景がいつの世までも続いて欲しいと願うことは幻想ではなく、私たちが後世の為に残し守っていかないとならない宝物だと信じている。

　「宮古の自然と文化　第4集」を会員の皆様のお陰で発刊することが出来ました。講演会に足を運んでくださったり、懇親会では膝を突き合わせての談話の中で毎回新しい発見があります。現役定年後も目標を失わず、いや失うどころか益々精力的に学ぶ姿勢には感動します。生き生きとした瞳の、(ご高齢の)少年少女たちがそこにはいつもいます。私にとっては、懇親会の場は「生き方」を学ぶ学校でもあります。

　今回本の上梓にあたり、与那覇良子様からは、故与那覇哲義元副会長のお香典からご寄付をいただきました。大変有難うございました。この第4集には、与那覇先生の思いが息づいています。又、執筆してくださった講師の皆様にもお礼申し上げます。諸事情で発行が遅れ、ご迷惑をおかけしましたこともこの場を借りてお詫び申し上げます。最後に、広告で援助してくださった事業者の皆様にも心より感謝申し上げます。

(歯科医)

野原のマストリャー

宮古の自然と文化　第4集
天・地・人の調和

2018年3月25日　初版発行

編集者　宮古の自然と文化を考える会
発行者　垣花 豊順
発行所　宮古の自然と文化を考える会
　　　　〒903-0804　沖縄県那覇市首里石嶺町1-59-6
　　　　渡久山 章
発売元　新星出版株式会社
　　　　〒900-0001　沖縄県那覇市港町2-16-1
　　　　TEL(098)866-0741　FAX(098)863-4850

©宮古の自然と文化を考える会　2018 Printed in Japan
ISBN978-4-909366-09-2
定価はカバーに表示してあります。
万一、落丁・乱丁の場合はお取り替えいたします。

＊特定・一般建設業＊

営業種目／土木・建設・その他許可業種 18業種

株式会社 奥浜組

代表取締役会長　奥濱 幸雄

代表取締役社長　奥濱　剛

本社／那覇市銘苅211–1　ユウカリナハ201号
　　TEL.**(098)943-0278**　　　　FAX.(098)943-0257

支店／宮古島市字下里648　奥浜マンション101
　　TEL.**(0980)73-4815**　　　　FAX.(0980)79-0315

支店／宮古島市伊良部字佐和田1486番地
　　TEL.**(0980)78-3544・6332**　FAX.(0980)78-6182

● ●

社会福祉法人 敬愛会

特別養護老人ホーム 松風園

理事長　奥濱 幸雄

園　長　奥浜 理和子

〒906-0506　宮古島市伊良部字長浜1025-3
TEL.**(0980)78-5111**　FAX.(0980)78-4730

教育の根本理念は「個人の尊厳」である。

―ナンバーワンより、オンリーワンの人間になれ―

Ⅰ．日本国憲法と明治憲法の相違点

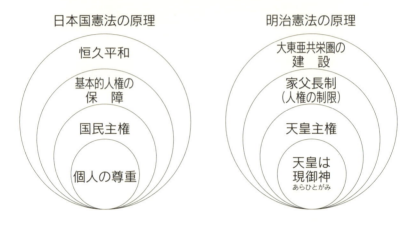

Ⅱ．日本国憲法と明治憲法下の教育目的の相違点

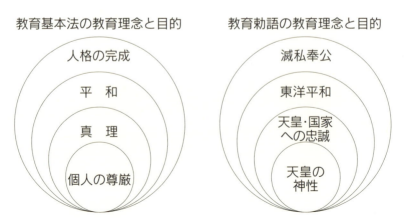

Ⅲ. 生涯教育の理念と目的

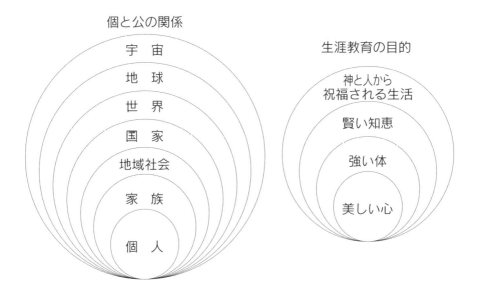

「公」の偏重は、個人、社会、国家に悲劇を
もたらすことを歴史は教えている。

あけぼの法律事務所

弁護士・琉球大学名誉教授　　垣 花 豊 順
公認会計士・税理士　　　　　垣 花 豊 人
税理士　　　　　　　　　　　下 郡 みず恵

〒903-0807　那覇市首里久場川町1丁目35番地
　　　TEL・FAX **(098)885-7134**

～ 口福(こうふく) ～

口は幸せの出入り口

おいしいものを食べる幸せ

想いを伝える幸せ

あなたの口福を

一緒に考えてみませんか

長堂歯科医院

◎診療科目　歯科、小児歯科、矯正歯科
　　　　　　インプラント(人工歯根)、予防歯科

院 長　長 堂　　忍

副院長　長 堂 芳 子

〒902-0071　那覇市繁多川2-1-1

TEL. (098) 835-1088
FAX. (098) 835-1187